学術論

ハイデッガーとギュンターを軸にした転間

速川 治郎 ［著］

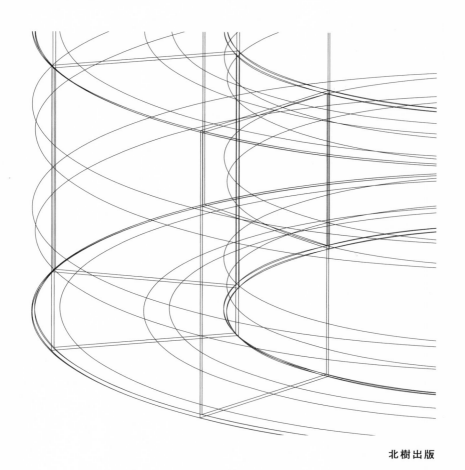

北樹出版

目　　次

学 術 論

ハイデッガーとギュンターを軸にした転間

序　章

　学術論とは一般科学理論（allgemeine Wissenschaftstheorie）のことである。それは人文科学、社会科学、自然科学、これらの科学（Wissenschaften）全体を問題にし、研究するものであり、個々の科学をも研究対象にし得るが、これは一般科学理論と区別して特殊科学理論（spezielle Wissenschaftstheorie）と言うこともある。序でに言うと、私はかつて一般科学理論の研究誌 *Zeitschrift für allgemeine Wissenschaftstheorie* の編集顧問をしたことがある。

　私にとっては、日本語（主として「間」）とドイツ語（主として「das Inter」）（両者を統一すれば、ロゴス）を回転軸として回る回転木馬の様なものが学術論であり、内側の列の木馬は上述の三つの科学であり、これ等にそれぞれ帰属する諸学（これ等は Wissen-schaften であり、厳密に言うと Sciences と重なるが、同一ではない）が外側の列の多くの木馬である。ギュンター（Gotthard Günther, 1900-1984）の多関連論理学（polykontexturale Logik）、ヘーゲルの大論理学（Wissenschaft der Logik）、更にはギュンターの『アメリカ黙示録』｜宗教をも取り扱っているが、例えば魂（Seele）は純粋に客観的に現存する正当な対象領域であると彼は言う｜が、それは、動かない領域では無く身体内において相互依存（Inter-dependenz）する、しかも情報処理と情報伝達に特化されている限りでの、対象領域である。またその『黙示録』の終わりの方で、彼はアメリカ人にとって宗教的信仰は個人の恣意的領域だと言っている。また、アメリカにおける制度の理念は、人間が自己自身を如何に理解するか、そして、人間が自己を理解している限りでは、人間以外の如何なるものをも擁護しないと、それの最終頁で述べている。それ故、逆に東洋人の自己理解する思想、仏教の論理をボヘンスキーの『論理学』（*Logik*）の様に検討する必要があろう。従って本書で

は、アメリカの科学哲学と異なって始めは人文科学、例えば鈴木大拙の論理、『華厳五教章』内の「十玄門」をも論じている。

　さて、転間とは何を意味しているのか。それは色々な間（あいだ、ま）を転換させることである。従って、学術論自体が転間の問題を抱えている。また、副題の「ハイデッガーとギュンターを軸にした転間」の中にある「と」は前者と後者との単なる比較ではなく、色々な間の転換、転間から新しい物事を創ること、「転間創新」である。その「と」は東洋と西洋との間でもあり、そこには両者間の相互依存、相互転換、相互浸透における互性（das Inter, das Einander）でもある。これらは、また安藤昌益の「互性活真」でもある。昌益は「人」という字を人の身体を横から見た字でなく、男女の相互依存、相互扶助と見なす所がある。日本語の凹凸は典型的な相互依存になっている。それらを一つにすれば

になる。

　ところで、ハイデッガーは、ナチス・ドイツの敗戦が近い 1943-1944 年にヘラクレイトスとパルメニデスについての講義を行ったが、これを聞いていたポール　シー・イー　シャイアオ（Paul Shih-Yi Hsiao　蕭欣義）は、後にハイデッガーと一緒に老子の二、三の文を翻訳したことがあり、このことがハイデッガーの哲学の転換、即ち彼の哲学と中国哲学との間に基づく転換、即ち転間になったと言えよう。ハイデッガーは、1947 年 10 月 9 日、シャイアオ宛の手紙を通して、この人に老子十五番目の箴言の一部を原文のまま寝室の壁飾りにするため羊皮紙に筆書きしてもらっている。それが次の箴言であるが、またドイツ語にも訳してもらっている。

　　　　孰能濁以静之徐清。孰能安以動之徐生。
　　　「孰れか能く濁りて以って之を静めて、徐ろに清むや。孰れか能く安らかにして以って之を動かして、徐ろに生ずるや」（濁ったままで、それを

静かにしておいて徐々に自ずから清く澄んで行く濁水の様な状態、この状態を己のものとし得るものは、一体どんな人であろうか。また、どっしりと安定していて、その中に動きを持ち、徐々に草木を生育させて行く谷間の様な状態、その様な状態を己のものとし得るのは、一体どんな人であろうか）（『老子』福永光司訳、新訂中国古典選、82頁）

シャイアオは上述の箴言を次の様にドイツ語に訳している。

Wer kann das Trübe stillend allmählich klären? Wer kann die Ruhe bewegend allmählich beleben?（誰が濁水を静かに徐々に浄化できるのか。誰が静寂を動かして徐々に活気付けるのか）。

ドイツ語訳の方が和訳より、その真偽は別にして簡潔な表現になっている。後に、ハイデッガーはシャイアオへの返事の手紙を出しているが、その箴言は、次の様なハイデッガー独自の表現になってしまっている：「誰が静かであり得るか、そして静けさから出て、静けさを通して、或るものを一定の道に引き戻すのである ｜auf den Weg bringen（be-wegen）｜、そこで、このことが現象することになるのであろうか」。ここに相互性（Allelonität）が生起してしまっている。しかもハイデッガーの好きな老子の「天道」の「道」が出て来ている。彼の著書に「道」の付いた本が複数冊ある。例えば『野の道での会話』（Feldweg-Gespreche）、『道標』（Wegmarken）、『杣道』（Holzweg）がある。しかも老子の「道」は「言う」をも意味しているので、これをハイデッガーはギリシア語のロゴス、レゲイン（λόγος, λέγειν　言葉、言う）につなげている。また上述の『野の道での会話』の中に Gelassenheit というハイデッガー独自の意味を持った言葉がある。それの和訳は「放下」（禅宗では世俗を断ち切って無我の境に入ること）であるが、ハイデッガーでは「魂の平穏な状態」を意味している。それは「泰然自若」（心が落ち着いて、冷静であること）でもよいのではないか。ところで「方法論」の方法はギリシア語では μέθοδος であるが、これも μέτα + όδός（道を＋求める）であり、道に関係する。いずれにしても、ハイデッガーの著書を読むと、そこにあるのはプロテスト神学であり、トマス・アクィナス、アウグスティヌス、アリストテレス、ヘラクレイトス等の西洋思

想である。しかしながら、彼は東洋思想、特に「道」に異常な興味を持っていたので、正に西洋思想から東洋思想への転換、換言すれば両者間の転換、即ち転間が現成してしまっている。

さて「人間は<u>間</u>を有する」が私にとって根源的前提であるが、この間は相互性の意味を持っていて、しかも人間は諸種の間、即ち多間を持っていて、単に多いだけの間が有るのではなく、それは相依転換して、新しい物事を創造するのである。ところで人間は「じんかん」とも読む。通常、「じんかん」とは人の住んでいる世界、即ち世の中のことである。「にんげん」、「じんかん」どちらにしても人は間を有するのである。更に間は「ま」とも言う。床の間、土間等があるが、前者は日本住宅の畳の部屋に見られる座敷飾りの一つであるので、ハレの<u>空間</u>であり、客間の一角に造られ、床柱、床框等で出来ていて、しかも掛け物、生け花等を飾る<u>場所</u>である。いわゆるドイツの色彩建築家、または都市計画家であるブルーノ・タウト ｜Bruno Julius Florian Taut, 1880-1938。1913-1916 年に彼が設計した田園都市ファルケンベルク（Gartenstadt Falkenberg）の住宅群（ベルリン）は現在、世界遺産（文化遺産）に登録されている｜ は 1933 年来日して洗心亭（群馬県　現在の高崎市内にある質素でこじんまりした日本住宅）に割合長く滞在したことがあるが、その時、彼の気付いたことがある。それはハレ（非日常的空間）である床の間の真裏に（日常的空間である）トイレがあったり、物置があったりすることである。このことは、いわば対立物の統一（coincidentia oppositorum）である。ところで間（空間）という語が無くても、それを間接的に表している俳句はある。例えば山頭火の「また見ることもない山が遠ざかる」、「分け入っても分け入っても青い山」を挙げることが出来る。それらは日常生活上の時間をも含んでいる。

日本語の「間違い」は間を違えることであり、単なる違いではなく、面白くなくなった「失敗」という意味に変わる。「間が抜けた」の「間」と語源は同じである。落語、漫才、芝居、狂言等で「間」を取ることがあるが、それは失敗すると、面白くなくなるということである。「違い」に「誤り」の意味があり、それは日常よく使われるが、しかし、そうではなく、言ってみれば、そこ

には「間違い」がある。「間」は丁度よい折、潮時、頃合い、機会という意味であり、「適切ではない機会」に何かを行うと、その結果を誤るという意味になったという説もある。これらの考え方に対して、英語では「間違い」はmistake、「違い」は difference、「誤り」は error であり、表現が別の言葉になっている。

　さて「鬼の居ぬ間に洗濯」はドイツ語では「wenn die Katze aus dem Haus ist, tanzen die Mäuse」（猫が家の外にいる間に、ネズミは踊る）であり、表現は全く違うが、同じ事柄を言っているのであり、とにかく、その「間」はどちらかと言うと時間を示している。更に万葉歌人である大伴旅人は詠っている：「生ける者　遂にも死ぬるものにあれば　この世にある間は楽しくあれねば」と。その「間」は日常生活における時間である。

　拙著『間の哲学』230 頁に載せた唐代の永嘉大師の詠った「君見ずや絶学無為の間道人、妄想を除かず真を求めず」の「間道人」はどう解釈するか。「絶学」は常識的な決まりきった学を絶すること、即ちその学の先ず否定であり、それの更なる否定である。このことは一般人が真と思った学を求めず、それとは全く異なった本当の真なる学を確立することが潜んでいると言えよう。要するに、その文は一般人と永嘉との間の観点の相違、厳密に言えば反対の観点（反観）であり、一般人の考え方を先ず排除する、いわゆるヘーゲル的な第一の「否定」が根源にあると言えよう。そして、これを更に否定し、ここに一応の肯定を示しておこうとする考えである。このことはヘーゲルの「否定の否定」であり、これは「否定的なもののとてつもなく大きな力であり」、「存在に転換する魔力である」(Hegel, *Phänomenologie des Geistes*, Suhrkamp Verl. S.36)。これに対して，ハイデッガーの否定性は、存在論の根源的な場所（Topos）にある。彼によると「存在は無い（無になっている。無化する) - 存在としてある限り」(Das Sein nichtet-als das Sein)｛Heidegger, *Wegmarken*, Vittorio Klostermann, S.356 であり、nichten → nichtet という動詞は現在使われていないが、mitnichten（決してない）という動詞としては残っている｝となる。とにかくハイデッガーにおいては、存在は思索の本来の運動として無になってしまっているの

である。しかし彼の主張文は明確ではない。存在が無になってしまっている理由は、誤解される恐れがあるにしても、分かり易く言えば、存在は只有るだけでは、実際に存在しているものでは決してないから、無と言うより他ないということなのである。が、とにかくハイデッガーは存在論を考えているから、存在が中心概念である。これに対してギュンターは無に重点が置かれていると一応言えるかも知れない。また両人にとって、ニーチェが重要な役割を担っている様に思われる。例えば、それは「力への意志」（Wille zur Macht）である。これは分かり易く言えば「力としてしまう私（自我）の強い意志がある」となる。

　ギュンターの遺稿集がK.クラーゲンフルトによって『アメリカ黙示録』（*Die amerikanische Apokalypse*）という題で出版されている。何故「黙示録」なのか。それは或る図書館に保管されていたギュンターの遺稿が明るみに出されたことによる。彼は若い時、既にインド学、古典中国語、サンスクリット語、比較宗教学を勉強していたのだが、彼の妻がユダヤ系ドイツ人であったため、イタリア、南アフリカを経て、1940年にアメリカへ移住せざるを得なかったのである。彼は北アメリカにおける生活の中で、ショーペンハウアーが計算するところからは理解するということは出来ないと言っているのに反対して、演算可能な論理学を形而上学として認めていて、そこに重要な意味を持たせている。ここには、正に転間が現成してしまっている。このことと関連（間係）して、彼は『機械の意識』副題「サイバネティックス（機械の自動制御や動物の神経系機能の類似性や関連性をテーマとして研究する、心理学、生物学、物理学、数学を包括した科学の総称）の形而上学」という本を出版している。サイバネティックスは更にAI｛人工頭脳、ドイツ語ではTI（techinische Intelligenz）または機械頭脳（Maschienen-intelligenz)｝と間係する。これも転間になっている。

　ギュンターにとっては、サイバネティックス、ないし人工頭脳（AI）が重要視されている。これ等が何故形而上学なのか。これを、アメリカ文化の極めて強い影響を受けている日本人から見れば、仮説と言いたくなるかも知れない。しかし、仮説は実験によって真であると証明されるためにあると言いたくなる

であろうが、AI はすべて実験できるわけでもない。それ故、形而上学として
真剣に深く考えざるを得ないと主張するのがギュンターの立場である。ここか
らもこの人の考える場所論（Topologie）が生じている。以上のことは間に基づ
く相互反照運動と言えよう。何故なら AI、実験、仮説、形而上学が単に並列
されているのではなく、一方から他方へ、また他方から一方へと反照する間柄
であるからである。とにかく、ギュンターは西洋哲学を勉強しながら東洋文化
の研究に力をそそいでいたのだったが、大西洋を渡ってアメリカで研究生活を
続ける他なかったのである。これに対してハイデッガーはドイツに居ながら、
東洋思想に強い関心を示していた。このことから世界、換言すれば、地球・地
理哲学（Geo-philosophie）を考えることが出来るようになったのである。日常
生活において我々日本人は日本発行の地図を念頭に置いて世界を語る傾向を持
っている。しかも日本が地図の中央に位置している。しかしドイツ人にとっ
て、ヨーロッパは真ん中にある。このことは正に二・一性（Zwei-einheit）で
ある。二にして一であり、一にして二であり、また、二が統一されてしまう、
これが地球儀である。こうして相互依存が生じている。そして、そこに間が根
源として生じてしまっているのである。また間から地球・地理哲学が生起した
と言えるであろう。なお注意しておきたいことがある。それは、技術を論ずる
のは第 2 章からであり、その前提状況として第 1 章があるということである。
その限りで、既述した様に第 1 章は人文科学の領域に入る。ギュンターの「技
術哲学、超古典論理学」を論究するのは、第 8 章の終わりのあたりからであ
る。

第1章

ハイデッガーの思考の西から東への移動

　ハイデッガーは 1942 年 4 月から 7 月の間に、ヘルダーリン讃歌『イスター』の講義をした。ところで、その時代はどのような状況であったのであろうか。1942 年 1 月「ユダヤ人問題の最終的解決」について協議した「ヴァンゼー会議」が行われ、7 月からユダヤ人の強制収容所への集団移送が始まった。後に大量殺りく「ホロコースト」となった悲劇の始まりである。同年 6 月ドイツ軍は、ヴォルガ川まで侵攻し、更に 7 月には東部戦線夏季大攻勢を開始し、8 月、スターリングラード攻防戦を開始した。が翌年 1943 年 2 月ドイツ軍の敗退で終わった。以上のような社会状況下で上の『イスター』講義が行われていたのである。この頃、ハイデッガーは「ゲルマニエン」という語を論文で使っているが、それはユダヤ人問題に関係していたからと思われる。

　さて、1942 年から 43 年に年度替わりする頃の状況を彼は次の通り述べている。

　「我々が今日知っているのは、アメリカニズムの持っているアングロサクソン的世界が、ヨーロッパを、即ち、故郷を、即ち、西洋的なものの起源を<u>無にしてしまう (vernichten)</u> と決心していることである。そもそも、その起源なるものは破壊され得ないのである。アメリカが地球戦争に参加したということは、歴史の中へ入り込んだのではなくて、むしろ、アメリカが歴史から離れた状態（amerikanische Geschichtslosigkeit）を、そのため自ら荒廃することを、新たに実行したのである。何故ならば、その実行は無起源を目指して、西洋的なものの起源と決心とを拒否しているからである。西洋における起源なるものという隠れた精神は、無起源なるものが自ら荒廃して行く過程に向けて、一度たりとも軽蔑の眼を向けたためしが無く、むしろ起源なるものの静けさという

泰然自若な態度・平静心（Gelassenheit）を基にしながら運命の変わり目を待ち続けるであろう。……」（Heidegger, *Hölderlins Hymne 》Der Ister《*, Vittorio Klostermann, S.68. 以下頁数のみ）。以上のことからハイデッガーには正に祖国敗戦を受け入れざるを得なくなっている思いがにじみ出ていると言えよう。

　ところで、上述の拙訳と異なった三木正之の訳を挙げておこう：「アメリカがこの地球戦争に参戦したことは、歴史への参入ではない。それは、むしろ既にアメリカ的歴史喪失と自己荒廃との最終的アメリカ的行動である。何となればこの行動は原初のものへの拒否であり、始めなきものへの決断だからである。西洋における原初なるものの隠された精神は、その始めなきものの自己荒廃の過程に対して、軽蔑の眼すら残していないであろう。むしろ原初のものの休けさよりして泰然として己が運命の里の時間を待ち受けるであろう」。（ハイデッガー全集 53 巻『ヘルダーリンの讃歌『イースター』』三木正之訳、創文社）一つのドイツ語の原文であるのにもかかわらず意味内容が変わっている。三木は直訳している。その原文を知らない人は二つの訳を読んでどう感じるであろうか。

　ハイデッガーにとって、アメリカ、ロシアは地球全体に広がった機械、技術（例えば AI、原子爆弾、軍事力）という巨大なヤットコ（Zange）なのである。それ故「技術の形而上学的本質についての洞察」が必要になって来たのである。ただし、現在重要視されているのは科学技術（Technologie）である。つまり、これは自然科学と技術とが合体したものである。

　ハイデッガーは次の様にも言う：「技術は我々の歴史である。聞く耳を持つ者は、即ち、歴史の形而上学的根拠と深淵とを見たり、聞いたりする者、しかも形而上学的なそれらのものを真剣に受け取る人は、既に 20 年前にレーニンの言葉を聞くことが出来た：〈ボルシェビズムはソ連の力＋電化である〉と」（Heidegger, *Parmenides*, Vittorio Klostermann, S.127）。以上の文は、技術と形而上学との間の必然的な相依が現成しているのであり、アメリカニズムが全く無視している事柄である。

　更に、『イスター』の中から次の文を挙げておく。

「巨大なものそのものは特別に質化されている（qualifiziert）。巨大なものという量のこの優位は一つの質ですらある、即ち、一つの特質である。しかも過度な状態の特質である。これは我々がアメリカニズムと名付けるものの原理なのである。例のボルシェビズムもアメリカニズムの一変種である。アメリカニズムは元々著しく危険な形態である」（S.86）。この文中のアメリカニズムはもちろん技術、厳密には科学技術のことである。そこで、アメリカ的なものの破滅の可能性を『イスター』の中で述べている：「歴史の無いもの（das Ungeschichtliche）はある。それは歴史を取り去って無にしてしまっているものである。また、それは歴史から離れたもの（Geschichtslose）とはまったく別の本質である。歴史の無いものは自然である。例えばアメリカニズムは、なんと歴史の無いものであり、それ故破局である。歴史から離れたものは決して自然ではあり得ない破局なのである。アメリカニズムが特別な根拠を持つということは、我々が先ず歴史の本質を、その歴史の非本質に接することによって、アメリカニズムの本質に接するよりももっと明白に把握することである。このことを経験するのはきわめて困難な事柄である」（S.179）。要するにアメリカニズムは殆ど哲学の歴史的伝統のないことを、しかも存在を全く語れないことをハイデッガーは言っている。

「もろもろの時代、様式、傾向、状況、理想、これらが歴史の上で示されたもろもろの手本を放棄することは、極端な苦境のしるしであるが、この今の苦境に我々と今後の人々とは、その苦境がこれの隠されたものを表に出して来るまでは先ず耐えねばならない。我々やあるいは後の人々がそのスローガンをともかく一度聞けるようにするためには、我々はその聞くことを思考して言葉にしながら先ずゆっくりと学ばなければならない。我々は今や没落をギリシア語で（ヘラクレイトスを通して）隠れていることの中へ入って行くこととして考えようではないか……」（Heidegger, *Heraklit*, Vittorio Klostermann, S.68）。上述の「隠されたもの」、「隠れていること」は、ハイデッガーにおいては結局ギリシア語の λητθή に繋がり、更に真理（α-λήθεια、隠れている状態を否定すること）の問題になるのである。これだけの表現では分かりにくいので、若干、説明して

おこう。λη θή（忘却）は λή θω（隠れていること）に由来していて、これは、また λανθάνω（隠れていること）でもある。永続して隠されているから忘却になる。άλή θεια の λή θεια は先述の λή θω に由来する言葉であり、以上の考え方の根源には転間、即ち〈色々な間が出現し、意味が転換する〉のであり、なお、その転間は色々な意味（概念）を横断して新しい意味（概念）、事柄を創る、いわゆる創新が必要になる。人間は間において創新する過程を有するのであり、物事にはっきりした筋道を創り続ける動物である。以上の私見に対してハイデッガーは次の様に主張する：「沈むことと隠れることは、ギリシア語で言えば λανθάνω、λά θω であり、日没の意味での沈むこと、沈没であり、日没は太陽の無化（Vernichtung）ではなく、また、決して太陽の無いこと（Nichtsein）ではない。ヘラクレイトスは μὴ δῦνόν ποτέ（das niemals Untergehende　決して没しないもの）を考えている」（*Heraklit*, S.50）。ところで δῦνόν は否定辞 μὴ（元の形は μή）の付いた〈現在の不可能な願望を表す希求法〉なので、厳密に訳せば「決して没しなければよいのだが」となる。こうして δῦνόν（没するもの）と λά θοι（隠されている。隠れている）は本質的関係にあるとハイデッガーは言うが、λά θοι も λά θω＝λή θω（隠されている。隠れている）の希求法であり、δῦνόν に合わせたと思われる。δῦνόν は自動詞の δύνω＝δύομαι に由来し、δύομαι は中間態であるが、「沈む」という意味を持つ。従って、それは λανθάνω（沈むこと）と繋がっている。即ち、両者は緊密な間-係を有しているのである。

　ところで日本語の太陽は日でもある。日本語の日は太陽の象形文字であるとされ、①お日様、②日輪、③陽、④お天道様、⑤日夜、⑥一日中、⑦終日、等の表現がある。①、②は太陽＝日・天道であり、④は民間神話に由来し、⑤、⑥、⑦は昼夜が入ってしまう。ドイツ語の太陽は die Sonne だが、フランス語では le Soleil であり、前者は女性名詞であり、後者は男性名詞である。北欧神話では太陽は女性であるのに対して、ギリシア神話、エジプト神話では太陽は男性であるので、このことにドイツ語、フランス語は影響を受けているのかも知れない。このことは、もちろん文化の違いであるが、掘り下げて考えれば転

間に基づくのである。更に、これに依存して生起する事柄を挙げるならば、次のものがある：日本では太陽は赤色で描くが、大部分の国では黄色で描く。日本語の古語では「あかき」は「赤き」または「明き」とも書いたからという説がある。また、日本を「日の本」と言うが、それは「日が昇る本の国」という意味である。更に天照大神、大日如来という言葉は太陽に関係し、前者は女神であるが、後者は太陽よりも偉大であるとされ、宇宙そのものであると言われていて、性別を超えたものなのである。ハイデッガーは、その段階では太陽の沈んで隠れることだけを重要視して語っているが、日本人の立場から考えると、太陽の日昇と日没が必ず繰り返して現れるところに崇高性、神秘性、相互性を感じている傾向が強いと思われる。もっともハイデッガーも太陽の現れることを真理の非隠蔽性（$\alpha\lambda\eta\theta\epsilon\iota\alpha$）に間-係付けて述べているので、彼の考えから言えば「相依が有る」の「有る」が重要であるとなるが、私見では「相依」は「有る」に依存し、「有る」は「相依」に依存しているのであり、このことが間の哲学になってしまっているのである。

　さて、だいぶ回り道をしたが、元に戻って既述の「破局」について語ろう。それはアメリカという国が破局してしまうとは言えない。が、アメリカ唯一の哲学と呼ばれるプラグマティズム（実用主義）は、科学技術と密接に繋がっている限り、アメリカと科学技術との間係が出現し、それはハイデッガーの様に形而上学を徹底的に考えることをしていないという意味では、ハイデッガーから見れば破局になってしまうと言えよう。1944 年 6 月に行われたアイゼンハウアー指揮下のノルマンディー上陸作戦によって生じたドイツ軍の敗退がハイデッガーを東洋に向かわせる切っ掛けになったと思われる。また 1945 年 5 月ドイツは無条件降伏、即ち破局に陥ったのであり、彼は 1945 年 11 月から 12 月にかけて、フランス占領当局によって行われた、フライブルク大学の非ナチ化のための純化委員会の査問を受けた。彼は委員会の前で懸命に弁明した結果、その委員会は、ハイデッガーが 1934 年以降ナチという考えにはなっていないという寛大な判定をした。更に彼は元ナチ党員追放裁判で疲労困憊したため、精神科医の診察を受けたこともあった。とにかく、彼がナチ党員であった

ことは間違いない事実であるので、その限りで、破局に係わっていたと言えないこともないが、そうかと言って、ナチズムに迎合していたわけでもない。ドイツの敗戦後、彼はナチ党員であったことを公的に謝罪したことが無いので色々批判の材料にされたのも事実である。しかし、いずれにしても彼の哲学が偉大なものであることも事実であり、ハンナ・アーレントという愛人がいてもであるが、このことは彼の哲学には直接関係ない。

　存在を徹底的に深く考えたハイデッガーは東洋思想の「道」に異常な関心を持ったので「方法」（Methode）について熟考したと言えるであろう。何故か。方法はギリシア語では μέθοδος であり、これは μέτα-ὁδός（道に従う）に由来し、方法としての道が生起している。それをハイデッガーが後に東洋の道について異常に興味を持ったことと併せると、そこに隠れた根源の永続性が見て取れる。

補足 1　ウィキペディア掲載のハイデッガーと間の哲学との関係

　ウィキペディア掲載のハイデッガー哲学は非常にうまくまとまっているので、これを間の哲学から検討してみたいと思った。ただし複数の人が検討して書いたと思われるので、表現の不統一が見られ、特にギリシア語の間違いが目についた。

1. 方　法

　『存在と時間』（1927 年）以前の初期フライブルク期の講義が刊行されるに及んで形式的告示（die formale Anzeige）の概念性が注目される。ハイデッガーがその講義内で述べている形式的告示とは「現象学による解明に際し主導的な働きとなる意味を一定の方法として使用すること」である。ここに方法が出現している。方法が何故形式的であるのか。一定の道がただ示されているだけだからである。私見では、その道を示すだけの形式としてギュンターの「空記号表現論」（Kenogrammatik　本書 118 頁参照）を挙げることが出来る。何故なら、

その表現論（直訳：文法）の一つは空になった位置（例えば、□、＊が適切に四つの位置を持ち、しかも、それらが適切に変えられながら並列された表現）を表しているからである。しかしハイデッガーはもちろん数学的形式主義を考えているわけではない。それ故に、ギュンターの表現論は、ハイデッガーの形式的告示と違っているのは当然であり、前者は特に一種の内容を持っていることになる（以下の「　」はウィキペディア掲載におけるハイデッガーについての叙述であり、内容は同じにしてあるが、表現はそのままになっていない）。

「ハイデッガーはガダマー等の学生に形式的啓示の意味とは〈十分に味わうことと実行に移すことだ〉と説明した」とあるので、Ich（我・私・自我）とDu（汝・君）との間の交わりが極めて重要になって来て、一種の相互依存が現成していることになる。

2. 現象学と解釈学

「ハイデッガーが採ったのは現象学的方法である。デカルトは〈我思う〉の〈我〉は疑い得ないものだとするが、我の存在様式は無規定のまま放置されているとハイデッガーは批判し、彼が 1925 年に行った〈時間概念の歴史への序説〉では現象学は志向的なものの存在への問いを行わなかったと批判してはいるが、しかし現象学の徹底化は述べている。

また、総体的な存在了解は、現存在固有の存在に関する潜在的知識を説明することによってのみ到達できる。それ故、哲学は解釈という形を取る。『存在と時間』におけるハイデッガーの手法は解釈学的現象学と呼ばれている」。

現存在（Da-sein）の Da は、例えば授業時の教室における Ich bin da.（出席しています）の da であり、ここに今いますの意味である。このことは Da と sein との間の相依である。この様に考えると間の解釈学が可能になり、いわば互性活真となり得る。更に Dasein は間の哲学内の反照論理から考えるならば、先ず Reflexion in sich（自己内への反照）が消失している Reflexion in anderes（他者内への反照）だと言えよう。その例として幼児が先ず動くものに興味を持つ状態を挙げることが出来る。

3.　存在への問い

　ハイデッガーは「生物学、物理学、心理学、歴史学、これらの存在的カテゴリーについて研究する特定の事物の存在には関心がなく、存在一般についての問いを追究すること、即ち〈何故何もないのではなく、<u>何か</u>があるのか〉という存在論的な問いを熟考することに強い関心を持っているのである」。ハイデッガーは、①「如何にして我々は世界と具体的かつ非論理的な方法で遭遇するのか」　②「如何にして歴史や伝統が我々に影響を与え、我々によって形成されるのか」　③「事実上如何にして我々は共に生きているのか」　④「如何にして我々は言語やその意味を歴史的に形成するのか」と言った問いに答えようとした。

　①について言えることは、そのセカンドオーダー（2. Ordnung　第二秩序層）が例えば「私」（Ich）が「君・あなた」（Du）に説明する場合に必ず生起するので、非論理な道だったものがその層では抽象的、論理的な道になる。そこに間の創新の中味が出現している。②について言えることは、歴史、伝統と我々との間の相互作用、相互浸透がある。③について「我々が共に生きている」とは相互性であるが、単に相互に別々に生きているというより、地球の中で、更に惑星、宇宙の中で協力し合って生きて行くことが重要になって来るであろう。④については言語の意味の歴史的形成はハイデッガーならば古典ギリシア語、ラテン語、ドイツ語であるが、日本人である私にとっては当然日本語表現の特殊性が問題になって来る。

　日本語と外国語との相依を考えなければならない。とりわけ漢字は「中国で作られた表意文字であり、一字が一語を表すため表語文字とも言われるが、とにかく日本語でもある。だが、日本語の「てにをは」は名詞、形容詞、代名詞等のような他語に対する関係（<u>間-係</u>）を示すのみならず、全ての種類の語と文章との<u>中間</u>にあって両者を繋げ、意味の強調、濃淡付け、情意上の繊細な区別、方向の指示という役を務める」（和辻哲郎『続日本精神史研究』岩波書店、400〜401 頁）と和辻哲郎は指摘し、更に、この人の発言を私の立場で言えば、て、に、を、は、の他に、<u>中間</u>にはないが、こと、と、む、の、す、か、とい

うような諸語と他語とを連繋させる日本「人」がいる限り、その「人」には間が表現上無くても「人間」であり、両者は意味としては同一である。が、このことは日本語の漢字解釈の問題になってしまう。本来中国語である漢文の漢字一つ一つに日本語の解釈、説明が与えられた時、漢文なるものは日本語の状態で読み得るものとなったのである。とにかく漢字は日本字でもある。ここに相互浸透がある。そもそも書かれる文字の無かった日本語の発音に漢字の発音が当てはめられたのである。漢字は漢字であり、日本字なのである。全体的視野に立って言えば、原始人が生きていた時代、自然に発生した言語、即ち自然言語が他言語を前提にしなかった状態はあり得ない。漢字は日本語にとって不可避的な他者であるが、現時点で言えば、自国語である。

　ドイツ語に関して言えば、それはゲルマン祖語に由来する。ドイツ語 Deutsch の語源はゲルマン語派内の西ゲルマン語の名詞 thiuda, thiud, thiod, theod（民衆、大衆）であり、この人達の言語、土語を意味していた。なお、西ゲルマン語にはドイツ語以外に英語、オランダ語も入る。アングロサクソンのサクソンはドイツ語のザクセンに由来し、またオランダ語は低地ドイツ語と似ている。以上の事実は漢字と日本語との間の繋がりと似ている。とにかく自然言語は孤立して、従って、直接的にあるのではなく、換言すれば、裸であるのではなく、媒介されてあるのである。その限りで、間が生起してしまっているのである。逆に言えば、間が新しい事柄を創り出しているのである。

　さて、ハイデッガーの主張であると既述した「何故何も無いのではなく、何かがあるのか」という問いは事実ではない。何故ならば、彼の著書『形而上学入門』（*Einführung in die Metaphysik*, 1953）の中では „Warum ist Überhaupt Seiendes und nicht vielmehr Nichts?“（何故一体全体、存在者があって、むしろ無があるのではないのか）があるだけだからである。「何も無い」はハイデッガーの意図した考えではない。こう主張しているのは、訳者、川原栄峰である（『形而上学入門』理想社）。この人によると「ハイデッガーの考えている Nichts は、名詞の「無」であり、「何もない」の nichts ではない」となる。先述の「何かが」は Seiendes とは意味を異にしていると思う。また、先のハイデッガ

一の問いに間-連しながら、しかも川原のハイデッガー解釈とは異なった私見
を持っている。

　以下それを述べてみたい：問いの中の das Ist（あるということ：Ist という中
性名詞）は、Warum ist Seiendes?（何故存在者があるのか）で Sein（ある・存
在）を考えようとしているのだ。そしてハイデッガーはその問いの中にある無
という語の役割を強調したのである。というのは、その無は、内容から言うと
das Ist（あるということ）に係わっているからである。そのため、そこに存在
論的差異が生ずる。即ち Das Sein ist nicht.（存在は無いのである）。無いなら
ば、存在は存在者であろう。逆に存在も存在者無しにあるのでは無い。存在者
無しにあるならば、存在は空の形式であろう。こうして、その問いは消極的な
状態、つまり「隠れていること」だけが継続（Prozess）していることに係わ
っているのではあるが、その継続中に積極的状態、つまり明確に「隠されてい
ないこと」が現れるのである。そこで、その表現形式上から言えば、無という
語は、その問いが存在を顕わにし得ないことを保証しているのである。存在は
常に存在であり、自己同一の領域として構成されていて、この領域は無という
語をあくまでも拒否して-あると考えられる。即ち、ハイデッガーにとっての
問いを変換することが現代技術の前提なのである。ここに問いの変間がある。
即ち、例えば、形而下学としての現代技術が形而上学へと転換するのであり、
そこに間の創新運動としての位値（位置の値）の転間が生起している。換言す
れば、それは位値論理学（stellenwertige Logik）の中で考えられる事柄である。
その転間は存在者を次のような様態内へと移行することを可能にする。それと
言うのも、存在者に無という語の力そのものが存在の隠されているという様態
を示しているからである。そして、この様態をハイデッガーは我々・人間に働
きかけ続ける位置と名付けている。そして存在者は、自らを対象（Gegen-
stand）に係わって確定された位置に立つよう要求されると同時に、人間もそ
の位置に置かれている。そして、このことによって人間の独立性、孤立性が無
くなっている。

　ところで、先述の位値論理学に関して言いたいことがある。それはハイデッ

ガーが主張する Gestell である。これを私は日本人に分かり易くするためにコ
ンクリートの「型枠」と訳したが、この語も先の位置（Stelle）に関係してい
る。Gestell は元々台架、指示枠、骨組みなどという意味であり、そういう位
置を占めている。ハイデッガーはそれを近代技術の本質を言い表す語とした。
即ち、技術の本質は、人間を生産へと駆り立てながら、しかも人間は自然を利
用すべきであるという徴発性を根源に持つシステムなのである。徴発性とは人
間にプラスになると思われる事柄を自然<u>から</u><u>強制的に</u><u>取り立てる</u>ことである。
ここから間の隠れている事柄を露わにすることが現出して来る。ハイデッガー
によれば、Gestell は道具、器具ではなく、die Weise des Entwergens（隠れて
いる事物を露わにする仕方)＊であり、eine Schickung des Geschickes（普通の使
い方では、「運命が与える試練」であるが、ハイデッガーの根源的な考えでは Ge-
schick は「どうにかなることを人間に、或いは人間が自分に送り込むこと」）（S.5）
である。以降、Geschick を日本人が普通思い浮かべている「運命」と一応訳
しておいて、論を進めると後になって Geschick が単に日本語の運命ではなく、
この日本語の運命はドイツ語の Verhängnis（不幸な運命、不運、悲運）である
ことが分かるが、そうかと言って、Geschick に不可避的な面が全く無いとも
言えないのである。何故ならば、人間には本来耐える心があるからである。自
殺する人は自分の悲運に耐えられなかったと言える。だが、そのこと自体がそ
の人の意志の自由を意味している。意志の自由は耐えても、耐えなくても必ず
あることになる。「あることになる」はいわば運命であるが、意志の自由は消
失しない。

　ところで、Gestell は土木建築用語の型枠ではないが、しかし、それは日本
語から考えれば、先述の試練、仕方としての型枠を持っていると言えないこと
もない。何故ならば、日本語での運命は、天から与えられた変えようにも変え
られない命令、試練であると言えるからであり、出来上がった型枠はビルの形
が堅固になるまで、外すことは不可能だからである。だが、ビル建設設計の段

＊　Karl Gietler, *Eine Analyse von M.Heideggers „Die Technik und die Kehre"*, S.4.（以下頁数だけ
　を示す）

階では、型枠は自由に変えられるのは当然である。

　しかしながら、先述の様に変えようにも変えられない事態は、元々技術だけでなく、どんな物事にもある。そうではあるが、人間の過去の歴史について各種反省して、換言すれば、隠れていた他の物事が突然明らかになって自己のものとなってしまう反照が現成することの方が運命より重要ではないだろうか。が、その現成が運命であると言うのであれば、それは二・一性（Zwei・Einheit）、即ち相互浸透の一つとしての間性論に基づいているのである。

　さて、既述したハイデッガーの問い：und nicht vielmehr Nichts?　を「そしてむしろ無があるのではないのか」と和訳するのがよいかという問題を再び考えて見よう。ハイデッガーは言う：„Der Bereich dieser Frage hat seine Grenze nur am sehlechthin nicht und nie Seiendem, am Nichts.……weil es das Nichts 》ist《.“（Heidegger, *Einführung in die Metaphysik*, Max Niemeyer verl. S.2. 以下頁数のみ）（この問いの領域の限界は決して存在者にではなく、無にある。……なぜならば無$_1$は無$_2$であるからである）と。無$_2$は意味の進展、深化を表している。「何故一体全体存在者が有る（ist）のか、これはむしろ無でないのか」の有る（ist）が重要なのである。通常の解釈ならば「存在者が無であるのではないのか」であるが、しかし、ここでの問いはist（Sein）が極めて重要なのである。そして vielmehr（それどころか、むしろ）に注意すべきである。「何故一体全体存在者が有るのではなく、それどころか、むしろ（「存在者」と「有る」のどちらを選ぶべきかと言えば、「有る」を採り）、その有るは無でないのか」と解釈できる。「存在が無い」という意味での無（Nichts）なのであり、しかも、通常の人は、存在者に関心を持ち、ist に全く無関心である。存在は自己同一の領域であり、この領域は無という語を突き放す。つまり存在は有る（ist）。しかしまた、有る（ist）ということへの問いは、何か或るもの（was）への問いの中へと変換されてしまっている。それもその筈、その或るもの（was）は、無という語の力によって未決定にされてしまっていて、確定されたエレメントの領域としての存在者を構成してしまっているからである。存在の自己同一の領域内での思考と存在者との一致は、その領域が同時にその一致を原理的に保

証するのである。

　ハイデッガーはまた言う：„Das (hier genannte) Nichts meint jenes, was im Hinblick auf das Seiende niemals etwas Seiendes, somit das Nichts „ist", was aber gleichwohl das Seiendes als ein solches bestimmt und daher das Sein genannt wird. (Heidegger, *Briefwechsel mit einem japanischen Kollegen*, S.6)"（無は、存在者を考えているだけなら決して存在者なる或るものではない、従って無であることであるが、しかし、この無であることはそれなのに存在者を存在者として規定していて、従って存在と名付けられることを意味している）（「或る一日本人との手紙のやりとり」）と。更に「存在：無：存在無自身（Selbes）がある」｛Seminal in LeThor（フランスのルトールにおけるゼミ）1969 年｝。存在論ならば、存在が無より先にあることに注目すべきである。川原は『形而上学入門』の訳者注の中でブーフナー（Buchner）の意見を次の様に挙げている：「ハイデッガーは……そもそも、„ある"（ist）はどこに属しているのか？　それは存在者に属しているのか、それとも、むしろ無に属しているのではないのか？　と問うているのです。ハイデッガーにとって無はいつでも名詞（主語）と解されねばなりません」（265 頁）と。そして川原は「ハイデッガー的な意味で読む場合には、読んだ後で「無こそほんとにあるのだが……無こそほんとに存在に属しているのだが……」（266 頁）と言う。この文の後半の「無こそほんとに存在に属しているのだが」であるならば、存在が先位して、それに無が属しているのではないのか。つまり無が述語である場合もあるのではないのか。ハイデッガーも「存在はどのようになっているのか？」という問いは「何故一体全体存在者があるのか、そうすると、むしろ無はないのか？」という我々の主要な問いの中で、先行する-問いとして含まれている」（S.30）と述べている。従って、彼の言う論理学から言っても次の問いの方が分かり易いのではないか：「何故一体全体存在者がある（ist）のか、そうすると，このあるは無ではないのか？」。

　また、ハイデッガーは述べる：„Wir fragen nach dem Grunde dessen, daß Seiendes *ist* und was es *ist* und vielmehr nicht Nichts ist. Wir fragen im Grunde nach dem Sein". (S.24)。川原訳：「我々は、存在者があるということ、

存在者はそれが<u>ある</u>ところのものであるということ、そして、むしろ無があるのではないということ、このことの根拠を問うているのである。根本においては、我々は存在を問うている」(45頁) と。ところで注目すべき箇所は was es ist (存在者はそれが<u>ある</u>ところのものである) である。これは「存在者が<u>ある</u>というものである」であり、この「もの」は、注意すべき価値の有る事柄、既成の道理 was があり (ist)、「存在者が<u>ある</u>ということ、および存在者が<u>ある</u>という場合の重要な価値のある事柄 ist は、そうすると、むしろ無ではないのかということ、事柄、これらの根拠を問うているのである」と解釈可能でもある。

ところで私は間論・間性論を主張するので、Da-sein (現存在) も da に依存して sein があり、sein に依存して da があるのである。また、人は人間であり、無間でありながら、有間であり、逆に、有間でありながら、無間である。また人において有無相通じているとも言える。ここに間の相互性、相依がある。例えば僕と君の「と」も間の相依を持ち、単に並列しているのではなく「と」において新しい事柄、換言すれば「第三者」を創ることは、単に比較するだけより重要になって来るのではないだろうか。それ故「温間創新」を目指すのである。間は事物では無いから無事物であり、この無は名詞でもあるで、特に東洋的発想で言えば、無に注目して間断なく熟考する気力が必要になるかも知れない。だが鈴木大拙の無心は「心が<u>無い</u>」の<u>無い</u>である。これは名詞ではないが極めて重要な語である。しかも、無心は、哲学、西洋哲学の考えとも違うものであると大拙は主張する。そこでこの人の無心を考えて見よう。

補足2　鈴木大拙の『無心ということ』(角川文庫) 批判
(ヘーゲル、ギュンターを自覚しながら)

大拙によると無心は「無分別の分別」であると主張する。彼の考えは禅宗に帰属し、自分の体験を通した枠内で、従って「分別」の状態になっている。もちろん枠内の中味を明白にするために枠外の物事をも語っている。しかし『無

心ということ』の内容は徹底して禅宗の無心である。その限りで、そこでは分別が徹底化されている。「宗教の体験の上から見る人は、……有が即ち無であり、無が即ち有であるとしてしまう」（36頁）。しかし、何故そうなるかの説明は全くない。そう体験すればよいと言うことか。私見：有と無との間、「即ち」をどう考えるのか。体験があればそれでよいのか。体験の内容を示してくれなければ、体験したと言うだけでは他人には全く分からないままである。そのように有るがままであればよいのであれば、どうぞご勝手にして下さいとなってしまうのではないか、また、それは誤解される恐れがある。例えば「新型コロナウイルスの発生、伝播がそのままであればよい」ということは言えない。それを阻止することは、あるがままでよいということでは無いという反論が出て来る。だが、それを阻止するワクチン、ないし薬の開発をする行動自体が「あるがままである」と主張することも出来る。ということは、「あるがままでよい」という心境・気持ちの意義（Sinn）を明確にすることが必要になって来るのではないだろうか。

　ところで、体験はドイツ語では das Erlebnis であり、実験は das Experiment であるが、日本語では体験、実験共に「験」を含んでいる。これは「証拠になる事実」を意味している。そして体験は「身（体）をもって経験すること」であり、実験は「理論、仮説が真であるかどうかを人為的操作により実地に確かめること」である。また「実際の体験」でもある。従って日本語では両者は異なった意味と同じ意味とを持っている。このことは何を意味しているのか。体験と実験との相依がある。そして、両者が験に関して二・一性を持っていると言えないこともない。

　大拙は『無心ということ』の中でかなり多くの矛盾の言葉を述べている。「矛盾のままの無心」という節（180頁）もある。ここで彼の主張を聞いてみよう。矛盾・悩みを無くすと「人間は天地のほかに出るということになり、いわゆる無、無存在になるというのだから、それは一種の夢だにも見ることの出来ない世界なのである」（181頁）。ここで言っている矛盾はアリストテレスの矛盾律の矛盾である。そこで彼は言う：「人間はこのままの世界を肯定する。即

ち「我」を立てるが、その肯定、その「我」の真正中から、いわゆる無我無心の世界に<u>入らなければならぬ</u>のである。「我」というものを持ちながら、我は我、人は人ということがありながら、そこに人も離れ、我も離れたところの世界を見るということに<u>しなければならない</u>のである。そこに初めて無心の体得があるわけである」と。下線の部分は我から無我無視への移行、従って時間差がある。このことは静的な「有るがままである」とは違う。動的な「有るがままである」ということか。そうであっても「我」即ち「無我」にはならない。「有心と無心との交錯したところに展ずる無心がある」（214頁。吉田紹欽の解説文）ならば、これは正に間に基づく相互浸透である。「我」と言われた観点で、「無我」ということは出来ない。ここに分別がある。大拙は「分別の無分別、無分別の分別ということになるので、まことに矛盾を極めた話です」（196頁）と言う。ここでは「我即ち無我」換言すれば「分別の無分別」を言っていることになる。このことには矛盾を真として受け入れている所がある。しかしながら、既述した通り分別から無分別への移動をも主張している。分別は「分けること」の他に「分別のある人：社会人として求められる理性的な判断」でもある。この判断は分別、分析して明確にすることである。大拙も禅宗を他の宗教と分別している。ここには分別の無分別は無いのか。このことに対してギュンターの興味のある主張文がある。即ち彼は「新しい世界の時代は新たに（弁護される　parakletisch）宗教をも必要とする」（Günter, *Die amerikanische Apokalypse*, S.251）と言い、彼はインド、中国の宗教、北米、南米の宗教をも論じているのである。

　大拙の文：人間的無心の中には「どこかにやはり物質的または一般生物的無心に<u>通ずる道</u>がある様に思われる。それを天地の心と言ってよい。この天地の心というものを体得する時に、人間的無心が認得せられるのである」（176頁）。私見：「<u>通ずる道</u>」であるから、時間差が明らかにある。物質が無心であるのは当然であるが、それに人間的無心が通ずるとは、それは人間の心が無いということであり、普通に考えれば、心即ち心臓の無い人間はいないから、人間的無心とは体験して無意識の状態になることであり、このことは、意識が有った

から言えることである。物質の無心を超えた人間という秩序層における無心であり、また死んだ人間の無心でもない。以上のことから間に基づく相依が出現しているのである。間に基づく考えは大拙にもある。この人は：「末那識*は無自覚性（サンスクリット語：ālaya-vijñāna, ālaya は音写である）なるものを捉えて自我と認識しているのである。阿頼耶識はいわゆる無始去来の無明の巣窟であるから、これは何とも手の付けようがない。阿頼耶識そのものは、自覚を持たぬのであるから、手の付けようがないのである。ただし、この阿頼耶識の本質というものは、末那識を通して摑むことが出来るのである。これが無心の手掛かりになるのである」（186頁）と言う。この文は末那識と阿頼耶識との間に基づく相互依存がある。そうならば末那識が阿頼耶識に依存しているとは何であるか。それは「阿頼耶識の本質」が末那識をそうさせる重要な切っ掛けになってしまっているからである。また大拙が上述の様に言うことによって、彼の自己根拠（Selbstreferenz）、自己内への転化が現成し、Inter-aktivität（相互活動）も生起しているのである。このことは転間の生起でもある。

　大拙の文：「宗教では……川が浅いか深いか、温かいか、冷たいかと想像するのではなく、とにかく自分で飛び込んでみて、自分で体験するのであるから、川の概念を述べるのとは全く異なっている」（198頁参照）。私見：そう考えることは科学に体験が無いように取れるが、科学の試行錯誤からも体験を除いてしまうことは出来ない。特に苦学して大学院博士課程を出た私の場合は一か八か、ただ無鉄砲に体験をしなければならなかった。その限りで私の場合、哲学を単に概念から考えたとは決して言えない。とにかく体験することは宗教だけのものではないのである。ただし、実験体験は普遍的なものであり、人生体験は個人的なものであるという違いはある。そうは言っても、人-間生活において実験体験に人生体験が、人生体験に実験体験が浸透してしまうことも無視できない。

＊　サンスクリット語の mana-vijñāna であり、mana は考えることであり、これに vijñāna（識）が付くと、根源的な心である阿頼耶識を対象として、これを自分であるとして執拗に執着し続けることを言う。

　大拙の文：「有意識（コンシアス）と無意識（アンコンシアス）との関係は、楯の表裏、垣の内外というか、楯なり垣なりは内外表裏の両面を具えているので、……その意味で、有意識は<u>直ちに</u>無意識であり、無意識は<u>即ち</u>有意識であるとも言える。が、無意識はその定義において既に無意識なのであるから、この方からしては、何とも手の付けようがない」（187頁）。私見：楯、垣が内外表裏の両面を具えているとは、観点の違いという時間差から来るのであるから、「直ちに」とか「即ち」と言えない。言えるとするならば、二値論理における矛盾ではなく背反（Antipalon）である。大拙は無分別の分別を矛盾とし、真と認めている。しかし、その矛盾は私の言っている背反（Antipalon）である。そういう矛盾が真であるとするならば、そのことを厳密に説明する必要がある。要するに「無分別」と言った時点、観点で、しかも同時点で｛アリストテレスの矛盾律の中の ἅμα（同時に）｝「分別」と言えることを明示すべきである。

第2章

ハイデッガーの技術論から間論・間性論へ

　ハイデッガーは技術を問うことから始める。問うことが彼にとって極めて重要なのである。そして彼は技術を言葉との密接な間−係に基づいた道から熟考して行く。ここに技術の本質がある。だが、これは通常取り上げられる技術とは全く異なっている。彼は何故「道」を主張するのか。その理由は既述したが彼が東洋の老子の「道」に異常なほどの関心（Inter-esse）を持っていたからである。それ故、既述したように彼の全集（創文社）の中に「道」の付いた本が幾冊かある。例えば『杣道』（*Holzwege*）、『道標』（*Wegmarken*）、『野の道の対話』（*Feldweg-Gespräche*）がある。老子の道とは「万物を成立させている根源の存在」であるという解釈からすれば、ハイデッガーの存在論は「存在道」と言えないこともない。私の立場からすると「間道」と言える。何故ならば、それの根源にドイツ語、日本語という既に出来上がっている言葉を基盤に置いているからである。「間道」は一応「近道、抜け道」という意味があるが、私は「抜け道」を考えている。何故か。ハイデッガーの技術論はドイツ語特有な使い方を駆使して考えられていて、そして日本人である私がそれを日本語で考えるからである。ここには相互依存、相互浸透という相互性・互性がある。従って、安藤昌益の互性に繋がり、間−繋・係が生起する。また、次のようにも考えられる：ドイツ語から日本語へ、日本語からドイツ語への道を進むことは、これまで殆ど熟考されていなかった道の無い道を、即ち人間が間を有するという道を創新して行くことである。ここでも相互論（Allelonologie）が生起する。ここで注意したいことがある。それは、次の昌益の主張である：「禅は「無」の一字であるということの誤りである」。「無とは有に対して言うことであって、有が無ければ無はなく、無が無ければ有もない。だから自然において

は有と無と両側面があってこそ一つの真道と言える。このことが分からず無の側面にだけ偏り、禅は無であるなどと言っているのは、自然を知らない迷いである」（安藤昌益全集九、147 頁）。ここで言っている「真道」も私にとっては「抜け道」である。何故ならば、真道がハイデッガーの「存在：無：存在無自身（Selbst）」と同一であるという解釈へと抜けるからである。そうすると「無無無無　無無無無無」（無なく無の無なし、無無なきの無なし）と表現した詩は間違いであるとなってしまう。しかしながら「無」は名詞であり、「なく」または「なし」は名詞ではなく副詞の否定であるので、同一の無でありながら意味、使用方法が異なっている。ドイツ語で言うならば、「無」は Nichts であるが、「なく」、「なし」は nicht を使用する、しかも Nichts ist nicht（無は存在しない・有るのではない）となってしまい、ist（存在する、有る）が入ってしまう。従って無だけの表現ではなくなる。従ってハイデッガーは Nichts nichtet（無は無化する）という表現を考えたと思われる。それでも Nichts と nicht-et とは Nichts と nicht との違いを持っている。と言うことは、昌益の主張に軍配が上がる。このことは「間論・間性論」から言えば、ハイデッガーの Idemität（有無一体）と「一つの真道」と同じ考え方に立っていると言えよう。両者共に同一の相互浸透、間道が現成していることになる。西田幾多郎の「絶対無」も絶対でありながら、有無に基づく無という相対無ではないと言うことによって、またそれ故に、対象言語とメタ言語との相対の位置に立っている。メタ言語における絶対無である限り、相互作用（Interaktion）を有する間から逃れられないのである。ここで注意しておきたいことがある。それは相互作用と言っても、例えば、貧しい難民とこれを救う日本人との間に相互作用があるのかという問題である。難民がいるから救う日本人がいるのであり、日本人がいて、救い求める難民がいるのである。そこに間の相互性があり、従って、そういう難民が日本人に働きかけていると言えよう。そして、救われる側と救う側、求める側と求められる側との相互作用がある。それは能動と受動との入れ替わる相互作用である。また救われた難民は難民同士の誰かを救っていることがある。人間は人であっても間を有する様態である。

　さてハイデッガーの考える現代技術は一定の目的達成のための一つの手段である。彼は技術に対する正しい関係を我々は獲得するよう努力するとも言っている。また彼にとって技術を正しく実行するための目的は原因に基づいているとも言える。そこで、彼はアリストテレスの四つの原因を挙げている。即ち①causa materialis（質量因、原料、素材であり、これ等は例えば銀皿を造る素材のことである）。②causa formalis（形相因、形、形態であり、原料が例えば銀皿に造り上げられることである）。③causa finalis（目的因、目的であり、例えば、いけにえを捧げるための儀式であり、これが満足するように行われるために必要な皿の材料、形を決めることである）。④causa efficient（作用因、これは例えば上の儀式のために極めて有用な銀皿を実際に造り上げる銀細工師のことである）。この様に挙げると原因も目的になっていることが分かる。と言うことは、四つの原因は間性における相互作用を生起させるようになり得るということである。

　さて、ハイデッガーはプラトンの『饗宴』の中にある次の文を挙げる：Οἶσθ' ὅτι ποίησις ἐστί τι πολύ・ἡ γάρ τοι ἐκ τοῦ μὴ ὄντος εἰς τὸ ὂν ἰόντι ὁτῳοῦν αἰτία πᾶσά ἐστι ποίησις, ὥστε καὶ αἱ ὑπὸ πάσαις ταῖς τέχναις ἐργασίαι ποιήσεις ……（205 b, Günther Eigler）．ドイツ語訳：Du weißt doch, daß Dichtung etwas gar vielfältiges ist. Denn was nur für irgend etwas Ursache wird, aus dem Nichtsein in das Sein zu treten ist insgesamt Dichtung.（あなたが知っているのは、創作とは<u>全く多様なもの</u>であるということです。何故ならば、非存在から存在へと進む何らかのものにとってのみの原因となるものがすべて創作だからです）。鈴木照雄・藤沢令夫（ノリオ）訳（岩波書店）：「貴方の知っている様に、創作（ポイエーシス）というのは<u>広い意味の言葉</u>です。言う迄もなく、如何なるものであれ非存在から存在へ移行する場合その移行の原因はすべて、創作です」（プラトン全集5，岩波書店，84頁）。ハイデッガーの訳：„Jede Veranlassung für das, was immer aus dem Nicht-An- wesen über- und vorgeht in das Anwesen, ist *poiesis*, ist Hervor-bringen."｜常に非現存から現存へと移行し、そして前進するものにとって原因となるどんなものも創作であり、産出（オモテ表にもたらすこと）である｜。以上のようにハイデッガーの訳は独特なものになっている。鈴木・藤

沢の訳中「広い意味の言葉」は τι πολύ の訳になっているが、そのギリシア語は「多様なもの」であり、対象言語である。ドイツ語の通常の訳である「存在」（Sein）が Anwesen になっている ｜Anwesen は Grimm のドイツ語辞典では präsentia（現在）, gegenwart（現在、その場に居合わせること）, aufenthalt（滞在、現在所）となっているが、「現存」としておく｜。産出（表にもたらすこと）（Hervor-bringen）は覆われていること（Verborgenheit）から、覆いを取り去ること（Un-verborgenheit）であり、これは「隠れている物事を取り除く働き、明瞭化」（Entbergen　しまわれているものを取り出すこと）であり、技術は明瞭化の一つの仕方である。例えば新型コロナのワクチン開発もその一例となる。

1. ハイデッガーの技術への問い

　ハイデッガーによって「技術は、どこから明瞭化と覆いを取り去ることが生ずるのか、どこから aletheia（ἀλήθεια　真理）が生ずるのか」*と問われる。この文はギリシアの考え、および手工業の技術に対して、あるいは、現代の動力技術に対しても当てはまるが、更に、現代の科学技術（Technologie）では IT（情報技術）、AI（人工知能）が問題になって来ている。このことは、取りも直さず、人間がそういう環境にあること、即ち間境（多くの相互の間の領域に立っていること）を有しているのである。

　ハイデッガーの考える現代技術は、未知の、または不明瞭な物事の「明瞭化」（Entbergen）であり、この概念は彼の論文『技術論』の中で何回も使われている。また「覆いを取り去ること」は、隠れて不明な物事に挑みかかって一定の場所に置くこと（Stellen）という特徴を持っている。私見では、その Stellen は Stelle（位置）にも間-係し、結局、その位置が「型枠」とならざるを得ないのである。ハイデッガーにとって、現代技術が様々な物に挑みかかって明瞭化しようとすることは、彼固有の解釈で stellen, bestellen（手入れする、仕立てる）, Bestand（存立）という言葉で表現される。そして、これ等の言葉は、

---

* Heidegger, *Die Technik und die Kehre*, S.13.（『技術論』）以下頁数のみ。

例えば空気が窒素に、大地が鉱石に、鉱石が原子エネルギーに替えられると言われる。人間は技術を探求することによって、明瞭化（Entbergen）という一つの仕方として手入れすること（Bestellen）に関与するのである。手入れしながら明瞭化することとしてある現代技術は決して単なる人間の行為ではない。人間は現実の物事を自分にいつまでも役立つよう手入れすることに挑み係わらせられるのである。挑み係わるものが人間を集合させるのである。「我々は今や挑み係わって行くべきであるという要求を型枠（Gestell）と名付ける。それもその筈、その要求は人間を自分で覆いを取り除き続け、手入れすることへと寄せ集めるものだとするからである」（S.19）。Gestell という概念は、ドイツ人が日常使っている意味とは全く無関係なのである。ここでは明らかに普通使っている言葉が疎んじられている。だが、このことはハイデッガーにとって問題にならない。そこで彼は次の様に言う：「Gestell（私は既に使ってしまったが日本人にとって分かり易くするため「型枠」と訳す）は、現実を手入れし続ける仕方で覆いを取り除くようにする（仕立てる　stellt）、即ち挑みかかる（herausfordert）のである。上述のようにする、仕立てることは、明瞭化（Entbergen 覆いを取り除くこと）という仕方を意味する。この仕方が現代技術の本質の中で支配している状況の下にあるが、しかし、それ自身技術的なものでも何でもない」（S.20）。

　人間のその手入れする行動は、ハイデッガーによると、近代精密自然科学を成立させるために先ず以て現れる。現代技術の本質が「型枠」（固定した枠組）の中にあって安らいでいるが故に、この技術は精密自然科学を取り扱う他ないのである。このことによって現代技術は精密科学であるという見方が出て来る。確かに原子力発電、原子爆弾等はそう言えるので、Technologie（科学技術）という概念が提出されたのである。

　現代技術の本質は人間を一つの道へともたらすのである。これが明瞭化であり、しかも、そのもたらすことが彼によると「送り届ける」（schicken）ことである。彼が重要視し何回も使った「明瞭化」から「送り届ける」へと転移し、ここから Geschick（運命）が提出される。「型枠」の働きは運命（Geschick）を

送り届けること（eine Schickung）なのである。建築技術におけるビルディング建設には型枠は必要欠くべからざるものであり、このことは運命と言わざるを得ない。が、一般に建築技術者が型枠の使用を運命だなどと考えることは先ず無い。その限りでは、その考えは無用である。しかし、例えばその技術者の生き様から言えば運命だと言えないこともない。その限りでは、「無用の用」という概念が当てはまるであろう。

「運命は Her-vorbringen（直ぐ傍に-持出すこと）、言い換えれば、poiesis（創作）でもある」（S.24）。

ハイデッガーのこの表現によると、運命とは人間が隠れている物事を明瞭化すべしと申し立てることであるように思われるが、日本語の運命とは人間に降りかかる自分ではどうにもならない事態の体験のことである。このことを Geschick に当てはめると、それに例えば次の様な事態も入ってしまう：それは私の息子・征久が今（2023 年）から 6 年前、彼の妻に先立たれて、しかも、その後、更に小さい子供を残して 50 歳（2020 年）で多発性骨髄腫という癌により死んでしまった事態であり、これは、息子にとっても私にとっても全くどうにもならない体験である。このような運命は受け身としてしか私には受け入れられない。それをもちろん後から申し立てることはできるが、このことはあまりにも空しいことである。しかし後から申し立てれば、その空しいことが絶えず痛切に感じられるのも事実である。ということは、そこに間における相互依存が出て来てしまっているのである。しかしながら、このことは Verhäng-nis（悲運）ではなく、Geschick（運命）であると言うのがハイデッガーである。明瞭化して行く運命が人間を支配しているのであるが、しかし、このことは強制的な悲運（Verhängnis）ではない。何故ならば、運命の領域では人間は自由を経験するからである。しかもハイデッガーの場合、Sein → schicken（伝える）→ Geschick（運命）という流れにおける運命が考えられている。ここには強烈な悲しみはない。従って、その様な彼の解釈は好き勝手な独特なものだとする学者もいる。例えば、それはスロターダイク（Peter Sloterdijk）である。また運命も悲運も時間、空間に基づいた相互依存、相互作用であり、そこに間

の概念が生起していると言うことは出来る。が、ここで必要なものはハイデッガーの言う Gelassenheit（泰然自若な態度・平常心）であり、これを悲運に対抗する態度に当てはめることは出来る。そうすれば人間が自由を持つより更に深い態度、つまり不動心の生き様が生起する。しかし、より深く考えると、その生き様が自由意志でもある。

　さて、繰り返すが、ハイデッガーは「現代技術を支配している明瞭化は、挑みかかると言う意味で一定の位置に置く（立てて置く　das Stellen）という性質を持っている」(S.16) と主張する。私見ではその Stellen は Stelle（位置）に繋がる、即ち間-係するのであり、位値論理（stellenwertige Logik）、また多値論理、更に多関連、即ち多間連性（Polykontexturalität）にも繋がることに注目すべきである。

　未知になってしまっている物事の「覆いを取り去ること」(Unverborgenhait) の中にある一つの特殊なものは、未知の物事に挑みかかる状態を設定すること (herausfordernde Stellen)、および、このような状態に設定されるもの（das so Bestellte）、これらによって成立する。この覆いを取り去ることこそ存立するのである。現代技術に挑みかかって覆いを取り去る働きとして示す試みの中には、「一定の場所に（立てて）置く」(stellen)、「仕立てる、手入れする」(bestellen)、「存立、永続」(Bestand) というこれ等の言葉から Ge-stell（一定の場所に置いて、種々考究し続けること）が生起する。人間の運命 (Geschick) の中には、二つの可能性がある。一つは、手入れ、即ち考究して明瞭化すること (Entbergen) だけを追い求め続けること、他は、覆いを取り去ること (Unverborgen) という本質を常に深く考えることによって、その本質としての覆いを取り去ること、つまり明瞭化を絶えず経験することである。この二つの可能態の間に人間は立ちながら、運命に晒されている。明瞭化し続ける運命は必ず危険・冒険 (Gefahr) を伴い、しかも、型枠 (Gestell) という形だけで表現されると最大の危険となる。型枠という表現にこだわって言えば、建築現場で鉄筋を張力の働く箇所に適切に配置して、その鉄筋を適切に包むようにして型枠が出来ていなければ、ビルがわずかな地震によっても崩壊するという最大の危険

が生ずる可能性が極めて高いのである。

　「人間は今日真に如何なるところにも最早、自分自身に、即ち自分の本質に出会うこともない」（S.27）。人間は、型枠の制作に傾注して、自分の本質から離れ、本質から呼びかけられる領域の外に出てしまって立っているのである（ek-sistiert）。

　「このような挑みかかる（性質を持つ）型枠は、明瞭化することのこれまでの仕方、つまり Her-vor-bringen ｛こちら（型枠）の前（所）にもたらすこと｝だけでなく、むしろ明瞭化すること自体を、また型枠と共に覆いを取り去ること、即ち真理を生じさせる<u>例のもの</u>（jenes　覆いを取り去るという本質）を隠してしまうのである」（S.27）。ハイデッガーのこの文では、以前 Her-vorbringen（直ぐ傍に持ち出すこと）が Her-vor-brigen（こちらの前にもたらすこと）になっている。日本語にすると意味が少し異なってしまう。ここにドイツ語と日本語における転-間の一現象が生起して来るのである。

　「型枠（という考え）は真理の輝きと支配とを狂わせえてしまう。従って、我々を一定の型枠に仕立て上げてしまうという運命は、この上なく危険である。技術自身は危険なものでは無い。我々は技術の魔力について語ることは出来ないかも知れないが、しかし技術の本質の秘密については語り得るであろう。技術の本質は明瞭化の運命としては危険なのである」。ハイデッガーがここで語ろうとしたのは原子爆弾のことであるが、2021 年以降では新型コロナウイルスである。しかし後者の場合は明瞭化を必要とする場合であるので、明瞭化は危険ではなく、安泰をもたらすのである。それ故、上述の文は不適切であるとなる。

　ヘルダーリンの文「しかし危険のある所には、救うものも芽生えて来る」をハイデッガーは挙げているが、新型コロナウイルスの場合には「安泰の所には危険も芽生えて来る」が当てはまる。以上のことから言えることは、人間の間に基づく相互浸透、相互作用が生起しているということである。

　技術の本質は二義的である。第一に、型枠（という考え）は我々を手入れする、仕立てることに、つまり一定の枠組の中に集中させてしまい、明瞭化の出

来事への視線を、または真理の本質との関係を結果としては狂わせてしまう。第二に、型枠（一定の枠組）を造るという考えは一定の目的のために使われるものである、つまり、それなりにある真理の本質を創ることを、人間に許す。だが、その様な考えは我々を真に助けることになるであろうか。まだ我々は救われないのである。我々は救うものの光が広がって行く中にいて、ただ待ち続ける他ない。何故ならば、「人間を救うもの全てがそれなりに高度の本質を持ってはいるが、しかし、同時に人間を危険にさらす本質をも持っているに違いないと人間は深く考えてしまう」(S.34) からである。この文は原子力発電と原子爆弾に当てはまるが、しかし、新型コロナウイルスのワクチンに当てはまるとは今の所 (2023 年) 言えない。最近、日本の或る科学者がネズミを人工的に冬眠状態にすることに成功して世界の科学者を驚かせたそうであるが、何故か。人間を冬眠状態にし得るならば、難しい手術を時間に関係なく行えるからだとのことである。しかし、その未来は無である。これはハイデッガーの言う不安ではなく、希望である。即ち人間を救うものであるが、人間を危険にさらすものであるかどうかは全く分からない。

　ところで、ハイデッガーは技術論の中で芸術の面をも考えている。τέχνη は元々技術だけを意味しているのではなく、明瞭化 (Entbergen) をも意味していた、換言すれば真、美をも示していた。τέχνη は芸術の ποίησις ⎱Tun（行為），Machen（制作），Schöpfung（創造)⎰ であり、芸術は本来 τέχνη を意味するだけである。「芸術は唯一にして多様な明瞭化であった。芸術は追従するもの、即ち真理の支配と保存に従うだけであった」(S.34)。明瞭化は、芸術の一部を救うものを増やすのに役立つことになるものなのかとハイデッガーは問い、そして明らかにする：技術の狂暴性が至る所で整えられ、いつの日にかすべての技術的なものを通して技術の本質が真理の出来事から現成すると言われている。しかし技術の本質は技術的なものではないので、このものとの本来的な対決が一定の領域内から、即ち、技術と似てはいるが、しかし根本的に異なっている領域内から出て来る。この領域が芸術である。例えば NHK のテレビで佐藤勝彦（宇宙物理学者、インフレーション理論の主張者）と滝を画く日本画

家千住博との対話があった。これは、関心を我々に強く持たせるものではあったが、結局、超一流の理性の持主と超一流の感性の持主が相互の領域を認め合っただけの印象が強い。物理学という型枠から出たということと芸術がその型枠に入ったということは興味（Inter-esse）深い。何故なら、そのことは間の相互作用（Inter-aktion）だからである。なおインフレーション理論、滝そのものの描き方も間の哲学として考え得ることだけを一応述べておこう。

2. 転　向

「型枠の本質は危険として働く（west）。しかし、それと共に既に危険が危険として知らされているのであろうか。違う。それは危険、即ち存在自体である。何となれば、存在の本質の真理内で、存在自身を危険に陥れてしまうその存在であり、この存在は隠されたまま、塞がれたままである。この塞がる働き＊ は最も危険なものである。型枠（Gestell　一定の枠組）という考えを伝えること（Bestellen）により、危険である塞がる働きに応じて、型枠なる考えは、依然として、また再三再四、技術が人間の手中にある手段であるかの様に見えるのである」（S.37）。人間の本質が今や本当は技術の本質を助ける様に仕向けられている。「人間は技術の繁栄と没落に委ねられている訳ではない。これとは別であることの方が正しい。一般化した型枠という考えが存在自身の本質となってしまう運命であるとするならば、我々が推測し得るのは、その型枠という考えは存在の本質の仕方として確実に変えられるということである」（S.37）。

「ところで、運命とは本質的には存在の運命である。それもその筈、存在は存在自身を人間に送り届け、しかも、それが運命として変化するからである。だが存在の変化、ないしは型枠という考えの本質の変化は、技術を取り除くことを意味するのではなく、また人間が技術を克服出来るのでもない。存在の本質に帰属するのは、技術の本質、また人間の本質でもある。こうして、その存

＊　diese Verstellung　私見：置き場所（Stelle）を間違えることでもあり、また stellenwertige Logik にも繋がる間-係・繋問題になり得るが、その論理学は塞がる働きを持つのではなく、むしろ逆に明瞭化し得る働きを持つものである。

在の本質は人間の本質を必要とする。その結果、存在者の真っただ中の存在として認められるのであり、そこで存在として働くのである。……従って技術の本質は人間の本質の助けが無ければ、その技術の本質の運命は変化し得ないのである」(S.38)。このハイデッガーの主張文は彼と存在との間が運命だったり、技術だったりして正に転間が生起してしまっている。

　さて技術の本質は、これの隠された真理から、その本質とは異なった他の運命の到来に基づくことによって型枠という考えを克服する働きとして現成する。この働きに、もちろん人間が係わる。このことが生起するためには、人間がその働きにふさわしい本質、即ち存在の本質に帰属する優れた本質に達する必要がある。と言うことは、先ず存在のその本質を我々は考えなければならない。つまり、「その本質に一定の場所を準備する必要がある。それもその筈、その存在は存在自身とこれの本質とを言葉にするからである」(S.40)。型枠という考えの本質は危険である。「危険としてあるからには、存在はこれの本質から離れて、存在の本質の忘却に転じ、そこで直ちに存在の本質の真理に逆らった形に転じるのである。が、その危険の中では、その存在の本質はまだ思慮深くはない転向（Sichkehren）が支配している。危険の本質の中には、そのため一つの転向の可能性が隠れひそんでいる。それと言うのも、その転向の中には存在の本質の忘却が向きを変えて、このことと共に存在の本質の真理が存在者の中へと特別に立寄る（einkehrt）からである」(S.40)。存在の忘却から存在の本質の真理（Wahrnis　これは Wahrheit と接尾辞が異なるが、nis も heit も共に性質、状態を表す）への転向が極めて重要であるが、そこに危険も潜んでいる。

　我々は恐らくその転向に到達する手前に立っているのであろう。だが、その到達は運命として何時出て来るのかを我々は知り得ないし、知ってはならない（dürfen nicht wissen）。何故ならば、我々の本質は待ち受ける人（der Wartende）だからである。それと言うのも、その人は存在の本質を考えながら見守ることによってその本質を待ち受けているからである。こうしてハイデッガーは、ヘルダーリンの言葉：「しかし危険がある所には救う物事（das Rettende）も出て来る」を引用し、そして「危険は存在自身である限り、何処にもないし、至る

所にあり、また、現存するあらゆる場所がない場所（なるもの）（ortlose Ortschaft）である。危険は存在の一時的停留点（Epoche）であり、型枠という考えとして現存している（wesend）」（S.42）。ハイデッガーは存在を根拠にして彼独特のドイツ語を巧みに使用して徹底的に考えている。私は間を根拠にして考え、特に「多間連の相互作用態」、つまり色々な組み合わせにおける相互作用態を考えている。

　彼のドイツ語と私の日本語とは相互作用・運動の間-係でもあり、彼が型枠という考えの危険を存在の本質の忘却から盛んに述べているのは、彼の『技術論』が 1962 年に出版されたことに由来する。何故か。原子爆弾の驚異があったからである。が 2021 年以降の新型コロナウイルスにも当てはまる。ただし「危険がある所には救う物事がある」と言っているだけならば他人任せの感がする。しかし、実際にそれを防ぎ得る人は専門の医師であり、予防できるものはワクチンである。ということは型枠の中の問題でありながら、専門医師と一般の生活者との多間連の相互作用態でもある。ということは、複数の専門医と社会生活者という多間連依存の実践作業である。即ち、その根源には単なる二値論理でなく、多値論理の領域がある。ここから「危険がある所には救う物事も出て来る」という事実が現成して来るのである。

　転間して、碩学、山崎正和の主張を取り上げて見たい。彼の著書『哲学漫想』の中味は、二値論理で出来ているようでありながら、三値論理の面を持っていないこともない。その限りで、救いが生起すると言えるが、山崎の場合、二値論理が強く、次の文はその例になり、しかも彼は救いでなく、妥協を主張する。「文明は自然との交渉の中で勝ったことは一度もなかった。何千年も暫時の妥協を繰り返してきたに過ぎない。……文明を進歩させると言う迷信は諦めるべきなのだ」（183 頁）と主張するので二値論から抜け出しているわけでもないが、自然が人間に譲るとは何であるか。自然は元々有るがままに有るだけであり、人間が譲るか、譲らないかの二値に立っているだけのことである。しかし、過去に世界的に流行したペストが消滅したのは妥協ではない。そもそも自然という言葉が具体的に実在しているわけではない。実際には山川草木があ

るだけであり、自然という語は抽象語である。これと妥協するということはいかなる意義（Sinn）を持つのか。

　文明の進歩は迷信であるとすること自体が迷信である。何故ならば、迷信とは「道理に合わない言い伝えなどを頑なに信ずること」であるからであるが、工作機械、自動車等から人工頭脳への進歩が迷信であると言えるだろうか。もちろん自動車の発達によって人間の歩く力は弱ってしまうことはあるが。また、例えばスーパーコンピューター「富岳」の計算速度は、2020年6月当時、毎秒44京2010兆回（1京は1兆の1万倍）であり、計算速度が世界一だったが、2022年5月にはアメリカの「フロンティア」がトップになった。その計算速度は毎秒110京2000兆回であり、「富岳」の約2.5倍である。このことは正に驚異的進歩であり、単なる迷信であろうか。ところで山崎の『哲学漫想』に私が注目したのは、その書の根本概念として「リズム」があるからであり、それについては後で詳述する。

　それはそれとして、ハイデッガーの『技術論』に戻ろう。それの根本概念である「型枠としてある限りでの技術の本質が明るくなる（sich lichten）時初めて、我々が認識するのは、（型枠の）永続を伝えるという中では、世界としての存在の真理は、拒絶されたままの状態であるということであり、また、我々が気付くのは、全ての単なる意欲、行為が一様に申し合わせて、放棄されたままになっていることである」（S.45）。こうして、ただ調査研究するだけの歴史的な（historisch）｜これは根源的な存在から geschehende（生起する）Geschichte（歴史）ではない｜整理、また、未来についての論究、形態論的、心理的研究、および諸条件の分析作業も単に技術的振る舞いであろう。「全ての単に技術的なものは技術の本質に達してはいない。その技術的なものは、その本質の前庭をも全く認識し得ないのである」（S.45）。ハイデッガーにとっては、結局、「存在の位置、および、この位置と我々との関係（私見では「間-係」）が重要なのである。その位置は物をほったらかしてしまっている限り世界の拒否である。が、この拒否は何でもないのではない。それは型枠という考えが支配している内奥の所では、存在は極秘事項なのである」（S.46）。結局、存在が見付けられ

て、それに近付き得る体験が我々にとって満足し得るであろうかという問いが
残るのである。私見では存在ではなく間を確実に把握できるだろうかが重要な
のである。

第**3**章

山崎正和『哲学漫想』批判

　『哲学漫想』の重要な根本概念は既述したように「リズム」であり、山崎の専門分野が劇作であることから、彼が「リズム」を取り上げたことは何となく分かるような気がする。また、彼が最初に哲学に強い関心を持ったのがフランス哲学者ベルクソンであることからも「リズム」を取り上げたことが分かるように思われる。

　先ず、彼が重要視する常識的なリズムの意義（Sinn）を述べてみたい。ところで常識はドイツ語では der gesunde Menschenvestand であり、私の根源的概念「間」が Menschen（日本語の人間である限り、また Zwischenmenschen である限り）に間-係し、また Verstand（悟性という訳語を使うが、悟るの意味は無い）は、分析的思考の意味（Bedeutung）が強いので、その語には特にヘーゲルでは理性との対立関係がある。因みに言っておくが、山崎では der Sinn（意義）と die Bedeutung（意味）の区別がない。

　さて、リズムは典型的なカタカナ語であり、日本語であると同時に外国語であり、典型的な二・一語、相互作用（Inter-aktion）語である。英語では rhythm, ドイツ語では Rhythmus, フランス語では rhythme, rythme であり、これらの原語はギリシア語の ρυθμός ｛Takt（抑揚），Rhythmus（リズム），Ebenmaß（調和），Regelmäßigkeit（規則通りであること)｝ である。リズムは元々音楽用語であるが、そこから転じて様々な時間の動きを表すものを表す。周期は数秒、数分から数年、天文学的な数億年に至るまで存在し、また株価の変動など経済活動、更に太陽活動等の運動、占い等の運勢の動き等にまで使用される。そして、①生体リズム、即ち生物が本来持っていたり、また天体の運動によって決められたりして持つことになる固有の時間周期を言う。②生活リズ

ム、即ち人間が時間的に規則正しく生活することを挙げ得る。別の解釈として、リズムは、強弱、明暗、遅速等の周期的反復、つまり同じことをほぼ一定の時間を置いて繰り返される状態を言うのである。従ってリズムは時間に密接に係わっている。ということは、間が基盤としてあると言える。「ある」と言う存在が出現するが、特に日本語においては、存、在、存在、有となり、これらに間-係、ないし転間が生起している。この「いる」もそれだけがあるのではなく主語との間の繋がりを有することにおいてのみ意義（Sinn）が明白になる。それ故「間」がより重要になって来るのである。

　さて、山崎の『哲学漫想』であるが、始めの哲学漫想1から4までにリズムの現象学が論じられている。彼は身体と肉体とを分けて、身体全体が日常生活で無意識に働いていて、しかも、そこにリズムがあることを詳細に述べている。確かに、そこで重要な概念は時間であり、厳密に言って空間ではない。「哲学漫想1」の「味覚の現象学」において、「リズムにとって決定的に重要なのは運動の能動性と受動性の両立、正反対の力性が拮抗しながら、そのことによってむしろ互いに強め合っているという特色である」（16頁）と述べられる。食べ物を噛むという能動態と例えば「うまい」という受動態との相互作用である。その限りでは私の「間の哲学」と同じである。それの解釈としてゲシュタルトの図と地、つまり「ルビンの壺」を提出しているが、これは空間である一種の絵であり、焦点を合わせる位置によって「壺」にも、向かい合っている二人の顔にも見える、いわゆる図地反転図形である。私見では「焦点を合わせる」のは、その位置（正にStelleである）に立つ人間であり、しかも自己反照・反省（die Reflexion in sich）であり、「我・私・自我、汝・君、彼・それ」の内の「我」の行為であり、先述の図形ではない。これは一人間、即ちエドガー・ルビン（Edgar John Rubin）によって意図的に描かれた空間の図形であり、それ自体は時間を持っていない。山崎はその絵を見ている我という側だけに限定している所がありながら、その図形との「相互作用」を語っている。読者は意外に思うかも知れないが、「噛む」も「うまい」も仏教の識（vijñāna　ヴィジュニャーナ：意識、生命力、心、洞察力）に間-連する。それを分析して考える

と、一応「噛む」は身識 {これは、識の中では山崎の肉体であり、この人の主張する身体は六識（七識と考える見解もある）ではなく、如何なる媒介をも経ていない直接的な無意識に働く一つのものであるから、山崎の身体に相当する}、「うまい」は舌識、間接的には、眼識、鼻識に係るが、特に阿頼耶識（ālaya-vijñāna）が重要である。何故ならば、「それは過去の経験を保持しつつ、身体を維持し続けながら恒常的に働くのであるが、あくまでも一瞬一瞬に生じては滅すること（刹那滅）を繰り返しつつ持続（相続）する無常な存在」（『岩波　仏教辞典』）であるからである。ここには身心一如があり、リズムもある。身心一如の前提として中国の唐代の禅僧、南陽慧忠の言葉である「身心一如、身外無余」（身と心とが一如である時、身の外に余計なものは何一つない）がある。この考えは山崎の「味覚の現象学」内の身体と同じであり、「心」は全く語られていない。が、身体を語りながら心を語っている叙述になっている。しかも身体を語っていること自体が、その基盤にある阿頼耶識から生起している。前述の阿頼耶識の解釈で分かるように、それは識であり、身心一如である限り身体でもある。

　さて、ルビンの壺は空間にある図であり、焦点を合わせる働きは、時間に帰属し、このことによって、壺にも、二人の顔にも見える反転作用、即ち時間作用、リズム運動を提供する。このことは、時間点の相互作用（Interaktion）であり、また空間と時間という間の相互作用でもある。絵画と素描とがリズムを持つと山崎は言うが、絵画は空間のものであり、それを空間として鑑賞するのであり、色々な角度から見るにしても絵画自体が時間的リズムを持っているわけではない。「音楽や舞踏のリズムは記譜法によって順次展開する広がりを見せる」（67頁）と山崎は言う。楽譜は確かに紙という空間上にメロディ、リズムを表しているが、空間的に音符を並べただけのものであると思う人は、楽譜を理解出来ない、つまり読めない人にとっては、楽譜は紙という空間上に記号が羅列されただけのものである。ピアノ曲、例えばショパンのノクターンの演奏全体を聴衆は聞き終わった時、初めて極めて美しい曲であると思うのである。即ち、演奏時間の連続が終わった時初めてノクターンを完全に理解出来るものなのである。だが紙の上に音符が並列記載されたシンフォニーのスコアブ

ックに関して言えば、それを理解出来る人には空間上の表現₁が時間上の表現₂
として理解出来るのであり、しかもそこに、その人とその表現₂との相互依存、
および表現₁と表現₂との相互依存、即ち、私が根本概念として提出している
間、これの持つサンスクリット語である pratītya-samutpāda（相互依存）が極
めて重要になって来てしまっている。生活リズムも時間を必要として成立する
語である。山崎はいわゆる「ししおどし」が一定時間に音のすることをリズム
と言っているが、そこで重要なのは周期的時間の流れである。それ故、一回限
りの突発現象、即ちリズムの壊れは周期的時間とは言えない。目の錯覚、直接
的（いわゆる裸の）、無媒介的（unmittelbar）、身体上の受容行動の中に、例え
ば京都の清水寺の躍り舞台から見える三重の塔は実際の距離よりも遠くに見え
るように小さく造ってある。また日光の東照宮の参道は実際よりも長く見える
ように遠くへ行くほど道幅を狭くしてある。これらは空間上の現象であり、リ
ズムには直接関係ない、その限りで、空間における間の間介が生起している。

　さてリズムの流れが常時あることそのことは普通の状態、つまり常態であ
る。これはメタ言語であるが、有る（ist）ことは確かである。そうすると、そ
こに動静一如が生起し、両者の相互浸透が出現してしまう。これは弁証法論理
学（私は弁析法論理学と言う）になり得るが、劇作家山崎には論理学の叙述はな
い。無くても差し支え無いのであろうが、しかし、論理学上で重要な、例え
ば、二値論理に必要な排中律（tertium non datur　第三者が無い規則）を否定し
た主張が彼の叙述の中にある。即ち、第三者を認める発言、即ち tertium
datur（第三者は与えられる）が述べられている。例えば「一つの身体の中でゲ
シュタルトの「図」と「地」、言い換えれば身体の客観性と主観性は実になだ
らかに内発的に交替する」（18 頁）。この文中の客観性はルビンの壺であるが、
これは空間上の黒と白の表現であって、リズムではない。例えば壺の図が二人
の顔合わせの図に見えるという反転は時間差を必要とし、同一時刻の観点にお
いて「図」と「地」とが一つのものであるわけではない。だから空間上の二つ
の表現になっているのである。彼の主張は平面とリズムとの、換言すれば静と
動との相互転換作用であり、正に阿頼耶識であることが時間的に後から分かる

のである。またリズムにとって重要な概念である「周期」とは「ほぼ間隔を置いて繰り返し同じ現象が見られる（運動が行われる）時の、その時間的間隔」であるので、周期律表にも時間が入っている。山崎の上述の主張文は、客観性が「図」と「地」という平面的表現であり、リズムが主観性、周期的な時間的表現に取れるが、要するに平面的表現を周期的な時間的表現にしようとしているのである。

　「哲学漫想2　ショウペンハウアーの冒険と逡巡」の中で、山崎はソフォクレスの『アンチゴネー』を語っているが、全く関心（Inter-esse）がないのであろうがヘーゲルが出て来ない。ヘーゲルは『精神現象学』の中で『アンチゴネー』を巧みに語っていて、しかも弁証法をも駆使している。だがこれを無視する様な態度で、山崎はアンビヴァレント＊を提出し、なじみ深いものであったと言って、それは「愛憎相半ばするなどと俗に言われる通り、或る感情がそれとは反対の感情と両立するばかりか、対立によって逆に相手を増幅し合うような内面状態である」と述べている。アンビヴァレンツを矛盾する二つの感情が同時に存在すると言うならば、それは正にヘーゲルの主張する矛盾であり、私の主張する背反・背戻（Antipalon）である。「対立によって相手を増幅し合うような状態」は相互転換、相互作用の一つの状態であり、間性論の一つの新しい表現であり、また、これに通底するギュンターの Kenogrammatik（空記号表現論、本書 118 頁参照），Morphogrammatik（型表現論、本書 118 頁参照）を考える必要が出て来る。山崎にとってそれらは必要ないかも知れないが、必要なくても、彼の哲学が確立されたものであれば空記号、型表現の領域に入ってしまうのであり、換言すれば形式化への転換・転間が出て来てしまうのであり、しかも、日本語の基盤として時間、空間の間があると言えてしまう。

　「心の内部と客観世界の対立を……最初から超えた存在と言えば身体の他にない」（64 頁）と山崎は言う。しかし「最初から超えた存在としての身体」は

＊　Ambivalent　反対傾向併存、二面的価値、反対感情の両立（愛憎、好悪の併存、または両面価値、矛盾する二つの感情等が同時に存在すること）であるならば、アンビヴァレントはドイツ語では Ambivalenz である。

彼が語ることによって生起し得るものであるから、直接的なもの（Unmittelbares）では無く、むしろ彼によって媒介されたもの（Mittelbares）である。この様に述べて来ると彼の「身体の現象学」とヘーゲルの『精神の現象学』との間を正式に熟考する時が私にとっては来ているのである。

第4章

山崎正和の「身体の現象学」と
ヘーゲルの『精神の現象学』

　山崎の「身体」とヘーゲルの「精神」とは、身心一如、若しくは心身一如という意味が出て来てしまうので、その限りでは両者は似ている。山崎は生きている身体のリズムを強調するが、ヘーゲルはそれをも含めて、更に拡張されて歴史の場をも考えた精神を主張する。このことは考え方が違うと言うだけでは済まされない問題が出現している。とにかく、ヘーゲルもリズムという語を使っている箇所を挙げてみよう。「学の方法の本性は、一方では内容から分離されていないが、他方では本性自ら（sich）本性自身によって（durch sich selbst）本性のリズムを規定する。が、その本性は、既に注意した様に、思弁的（spekulative）哲学の中でその本性本来の叙述を持っている」*。この文で言う「リズム」は周期的反復、周期運動のことである。思弁的の原語はラテン語の動詞、不定形の specere（見る、注視する、考える、関係する）に由来する。何故か。自分が自分を鏡で見るという<u>関係</u>を<u>考える</u>と分かり易い。そうすると見ている自分と見られている自分とは同一であり差異である。何故ヘーゲルの場合そう言えるのだろうか。上述の文の直ぐ前に次の意義を持った文があるからである。「具体的に一定の所に有るということ（konkretes Dasein）つまり具体的形態（konkrete Gestalt）（従ってヘーゲルでは「こと」と「もの」が同じである）は、自己自身（sich selbst）で運動しながら、自己を単一な規定とすることによって、自己を論理的形式にまで高め、しかも、その形態の本質態として有るのである。従って、その形態は、このような運動であるだけであり、直接、論理的な

＊　Hegel, *Phänomenologie des Geistes*, hrsg. Johannes Hoffmeister, S.47. 以下頁のみ記す。

領域内に存在してしまっている。それ故、具体的形態・具体的内容に、その外から形式主義を加えるということは不必要であり、更にその内容は、それ自身を基準として（an ihm selbst）形式主義へと移動するのである。形式は内容自身の固有な生成態なのである」（S.47）（ヘーゲルの分かりにくい文を或る程度分かり易くした）。この考え方には、具体的内容と論理的形式との相互転換運動というリズムがあると言える。しかしながら、山崎の「ししおどし」の様な発展の無い「リズム」とは異なって、『精神の現象学』全体にわたって否定の否定を繰り返す、または、反照する相互転換運動というリズムが有ると言えよう。これは更に間境（間の場所、その時々の有様）に基づく対立事物の相互依存運動でもある。そして山崎のリズムは人間が生きている常時の間のものであって、有事・非常時の際のものではない。しかも後者には、山崎が言うようなリズムはないのである。例えば日本の敗戦、新型コロナウイルスの蔓延、また個人に関して言えば、例えば徳田球一、中野正剛を挙げることが出来る。徳田は大正11年（1922）日本共産党の創立に参加して、検挙され18年間獄中にあった。第二次大戦の日本敗戦後、アメリカ占領軍により出獄されて、日本共産党を再建し、昭和21年（1946）総選挙により衆議院議員となったが、昭和25年（1950）マッカーサー指令で公職追放になり、その後地下に潜行し、北京で客死した。この生き様は正に間境に基づく彼（er、ギュンターによれば第三人称 es）であり、山崎の言う「身体」は、厳密に言えば、第一人称の ich である。

　中野は、以前から首相、東條英機を批判していた右翼の大物である衆院議員であり、1943年正月、朝日新聞紙上に「戦時宰相論」を発表して、名指しこそしなかったが、改めて東條を痛烈に批判した。色々な経緯を経て、彼は東京憲兵隊の取り調べを受け、名誉の自殺をほのめかされた結果、釈放されたものの憲兵の見張りは続き10月27日、遂に割腹自殺をした。これも「身体」のリズムではない。また運、不運もリズムではない。

　ところで、ヘーゲルの場合はどうであろうか。ヘーゲルは言う：「自己完結して安定している円環内領域（der Kreis　直観によって把握されている円環の具体的全体領域）、しかも、これは、実体としてあるが、そう言った時、主体とし

てあり、これとの媒介間係である。また、偶発的なものそのものは、これ以外の現実的なものと間連、結合し、しかも、偶発的なものである」（S.29 参照）と。これは例えば、繰り返すが、私の長男征久が罹患した多発性骨髄腫とそれによる死、しかも彼の妻も死ぬという現実的なものとの関連においてのみ、生から間介する自由が生起したとはいえ、幼い子供二人を残して、死んだことをヘーゲルが自由であると言うにしても、私にとっては、あまりにも悲痛、残酷であり、絶望的事実である。それでもそれに堪えなければならない。ヘーゲル風に言えば、その死は否定的なものの巨大な恐るべき力（Macht）であるが、その言葉はあまりにも空しい。そうであっても、私自身は孫達のためにあらゆる手段を尽くしてでも、生きて行かなければならないという純粋な自我のエネルギーを有している。そうではあるが、私にとって息子の死は極めて恐ろしいもの、更に言えば、それは息子が死者となってしまって、そこから離れられない極めて恐ろしいものである。この極めて困難な問題を克服する力（Kraft）が必要である。ヘーゲルの言う力、強さのない（耽美主義的）美しさ、例えば、息子は天国または極楽浄土で安らかに眠っているという考えはあまりにも空しい空想であり、私の悲痛を癒してくれるものでは決してない。私が頑張って生きて行くことは、ヘーゲル風に言えば悟性（Verstand）であろうが、それが日本語の悟り、サンスクリット語の bodhi、これの漢訳が覚、道であるならば、幸いである。何故ならば、一般的に言って日本における仏教の悟りならば「迷いからさめること」だからである。しかも道ならば、私の言う「間道」、即ち抜け道になり、悟りへと抜ける転間が生起してしまう。いずれにしても、私の生への意志力が必要であり、このことは自己への反照であると言うことが出来る。

　ところで、ヘーゲルは「精神の生は、死を恐れ、荒廃を全く避ける生ではなくて、死に耐え、死のただ中に有りながら生自身を守る、そういう生なのである」（S.29）と言う。前例とは異なって、通常の日常生活の中での精神の生とは何かを考えてみよう。何かを判断する場合、「これは机である」と何気なく言うように肯定判断が重要であるが、ヘーゲルの場合は逆に否定判断を行いながら肯定を生み出す生<ruby>生<rt>セイ</rt></ruby>なのである。「これは机である」そして「これは机ではな

い」と言った場合、アリストテレスの矛盾律を否定するのではなく、後者は例えば「これは白色である」とか「これは長方形である」とか「これは木製である」と言うような、直ちに観点の相異を言おうとしているのである。このことを拡張、形式化して考えれば、ギュンターの「演算操作の空記号構造」（Leer-strukturen der Operation）になる。

　ところで山崎は言う：「茶の湯の作法において……味覚文化の徹底した洗練の極致が、遂に感覚刺激としての味覚を完全に追放したのであって、これは文明世界でもまれに見る逆説と言うべきであろう」（「身体の現象学」『哲学漫想』27頁、以下頁数のみ）と。この文は「逆説」であろうか。「洗練の極致」が「味覚を追放した」のであれば、時間において明らかに前後の差があり、観点の位置がずれているので、厳密に言えば「逆説」はない。そうすると、作法の定式化しかないのかという反論があるかも知れない。「完全な追放である」ならば、その通りとしか言いようがない。言えるのは味覚と作法との相互依存があるということである。が山崎は言う：「現代の作法は……定式化しているが、……その中に懐石料理の出来栄え、最も肝腎な茶葉の選択を評する一節がないことである」（27頁）と。「評する一節がない」ということは、そうしているだけの事であり、味わわないことではない。そういう形で相互依存して行動しているだけの事である。そこにあるのは間介という隔てがあると言える。

　また山崎は言う：「私は暗黙裡に科学を哲学より常識の延長、洗練を極めた常識として位置付けるつもりである」（32頁）と。日本語では科学は自然科学を常識的に意味しているが、このことはドイツ語の Wissenschaft には当てはまらない、例えば、既述したことであるがもう一度述べておこう。私が編集顧問をしていた『一般科学理論誌』（Zeitschrift für allgemeine Wissenschaftstheorie）は自然科学、人文科学（ドイツ語では Geisteswissenschaft）についての研究誌である。またフィヒテの Wissenschaftslehre は日本では通常「知識学」と訳されている。またヘーゲルのいわゆる『大論理学』は、Wissenschaf der Logik であり、「論理の科学」と訳せるが、自然科学だけの領域を論究しているわけではない。ドイツ最大の研究所であるマックス・プランク学術振興協会（Max・

Planck-Gesellschaft-zur-Förderung der Wissenschaften e.V. 略称：MPG）のマックス・プランク研究所（Max・Planck-Institut）は、次の三つの部門に大別されている。①生物・医学の部門、②化学・物理学・工学の部門、③精神科学・社会学・人間科学の部門である。これ等を総称すると「学術論」・「一般科学理論」となるのである。このような総合的な研究所を羨ましがっている日本の学者もいるが、とにかく Wissenschft は常識とは必ずしも結び付かない。常識はドイツ語では der Menschenverstand（直訳：人間の分別力・悟性）、英語では commonsense（共通感覚）であり、日本語での常識は「健全な一般人が共通に持っている、または持つべき、普通の知識や思慮分別」であり、良識は「偏らず適切、健全な考え方」であり、それら日本語の意義（Sinn）は、ドイツ語、英語の和訳と異なっているが、「常識」としては同一である。ところで、イギリスの常識哲学はトーマス・リード（T.Reid, 1710-1796）に代表される。それは、要するに形而上学、数学、論理学、倫理学、美学における一種の真理を、例えば、幾何学の公理のように証明不可能ではあるが、自明の真理であるとし、これを常識の原理としたのである。しかし、幾何学の<u>公理</u>は、任意に選ばれた論理式に過ぎないので、抽象的記号操作の対象に過ぎないと反論する論理学者、数学者もいる。だが、その様な操作は単なる操作では無くて、内容を重要視するヘーゲルの『大論理学』も抽象的記号操作可能であると考えて私は「弁析法」（argumentative analytische Dialektik）を提出した。

　ところで、上述の<u>公理</u>とは証明する必要のない自明の法則のことである。これはユークリッド幾何学の点、直線、平面等の図形を取り扱う学問のことである。「平行線は交わらない」と言うユークリッド幾何学の公理に対して、「平行線は交わる」と言う非ユークリッド幾何学の公理を最初に証明したのは数学者ガウス（Johann Carl Friedrich Gauß, 1777-1855）であったが、慎重な人だったのか、それを公表しなかった。その間にハンガリーの数学者、ボーヤイ（Bolyai János, 1802-1860）とロシアの数学者ロバェスキー（Nicolai Ivanovich Lobachevsky, 1793-1856）の二人が個々別々に独立してそれぞれ平行線公理を否定するいわゆる非ユークリッド幾何学を発表した。が、ガウスの証明の方が時間

的に早かったのは手紙のやりとりで証明されている。ユークリッド幾何学が常
識であるとしたならば、非ユークリッド幾何学の成立は常識と言えるだろう
か。厳密に言えば、その成立は常識と言うよりも真理である。或る認識が真理
と認められるならば、最終的にはその認識は常識の中に受け入れられるが、そ
の状態になるのは必ずしも単純な過程ではないし、また即時に常識になるわけ
でもない。また真理として完全に検証されていなくても、常識と見なされる場
合もある。従って、すべての物事が常識から成立すると言う主張は正しいとは
言えない。真理は少数派から出発すると言うことの方が取り敢えず妥当であ
る。

　ところで、アインシュタインの宇宙定説（cosmological constant）があるが、
それは彼の一般相対性理論に基づく重力方程式に導入された定数である。アイ
ンシュタインの重力方程式は

$$G_{\mu\nu} + \Lambda g_{\mu\nu} = \kappa T_{\mu\nu} \cdots\cdots\cdots ①$$

であり、左辺は時空がどのように曲がっているか、即ち時空の歪みを表す幾何
学量であり、より細かく言えば、$G_{\mu\nu}$：アインシュタイン<u>テンソル</u>。一般相対
性理論の解説では多くの場合、時空の歪みを表していると説明される、Λ：宇
宙正数、$g_{\mu\nu}$：計量 $g_{\mu\nu}$ はアインシュタインの重力方程式を理解するためには極
めて重要であり、時空の歪みを表すので座標変換だと考えられる、<u>テンソル</u>：
4×4 の行列の形をしている、κ：①式の左辺と右辺の単位の次元を合わせるた
めの定数であり、下の②式である、$T_{\mu\nu}$：エネルギー・運動量テンソル、$\mu\nu$：
それぞれ行と列の番号を表す添え字で、$0 \sim 3$ の値をとる。0 は時間、$1 \sim 3$ は
空間の座標（X,Y,Z）である。

$$\kappa = 8\pi G/c^4 \cdots\cdots\cdots ②$$

　G：万有引力定数、c：加速度の働かない真空中の光速度、である。

　以上のことからアインシュタインの重力方程式は 4×4 行列の 16 個の成分か
らなる連立方程式であり、①式を解くにはアインシュタインテンソル $G_{\mu\nu}$ を求
める必要があり、それを求めるには 4×4 行列の計量 $g_{\mu\nu}$ の各成分を求めなけ
ればならない。

　山崎の常識主張説との関連で問題になるのはアインシュタインの宇宙定数、若しくは重力定数 Λ と κ である。これらは、1917 年に、アインシュタインが膨張も収縮もしない静的な宇宙モデル（アインシュタイン宇宙）を造る時に重力と釣り合う斥力を表すために導入した宇宙項の係数を示す。宇宙項は、重力方程式において、銀河などの引力によって宇宙がつぶれないように斥力として働く。後にハッブル（Hubble）等の観測によって宇宙膨張説が正しいことが分かり、アインシュタインは宇宙項の導入が誤りであることを自ら認めた。近年では超新星や宇宙背景放射＊の詳細な観測によって、宇宙が加速的に膨張していることが明らかになり、再び宇宙項の存在が支持されるようになっている。その斥力（負の圧力）の源は暗黒のエネルギーと呼ばれている。

　アインシュタインは当時の物理学の常識に従って、宇宙定数、若しくは重力定数を入れた。しかし後にそのことが間違っていると彼は述べたのである。それにもかかわらず、その定数は宇宙の加速膨張を起こす斥力の根源であるとして 21 世紀に復活した。宇宙膨張と共に宇宙の空間が広がれば広がる程、その全エネルギーはどんどん増大するという、これまでの物理学の常識では説明出来ないものであった。

　その宇宙定数を一般化したものが「暗黒エネレルギー」なのである。これとインフレーション宇宙論とは密接に関係している。宇宙初期の形態を論じた「ビッグバン理論」で説明出来なかった問題を、適切に説明出来るようになったのが「インフレーション理論」である。これは宇宙の誕生直後に指数関数的に急膨張（インフレーション）したという進化モデルである。また、宇宙の歴史は素粒子の相互作用の歴史であると言える。このことは正に間性論である。更に宇宙は物質間の重力によってその宇宙の階層構造が形成され、137 億年経って現在に至ったのである。それ故このことは「身体のリズム」では説明できな

＊　宇宙背景放射：空のあらゆる方向から降り注いでいるマイクロ波のことで、ビッグバンの証拠であるとされる現象である。宇宙の始まりについての情報を与えてくれる重要な放射である。宇宙が平坦であると分かり、そして宇宙はこれからも膨張するだろうと予測できている。が、これまでと同じ速度で膨張するわけでもないようである。また、宇宙初期に形成された星や銀河による赤外線、Ｘ線、γ線という様々な波長帯域でも宇宙背景放射は観測される。

い。もちろんその階層構造は身体の内側の現象ではなく、宇宙のことではあるが、身体内にも階層構造はある。例えば、ヘーゲルの意識、自己意識、理性、精神とか、N. ハルトマンの物質、有機体、意識、精神は階層構造である。それらには仏教に基づく身心一如は無いが、ハルトマンの場合には、無意識は意識の物質、有機体との依存浸透であると解釈できる。仏教では阿頼耶識* があり、これは無意識の識である限り、また阿頼耶識は身心の器官を維持する阿陀那識（ādāna-vijñāna）でもある限り、この中に身心一如も入り得る。

　ところで、山崎は自動車の運転中、衝突危険を避けるためにとっさにブレーキを掛けることは「身体」であると述べているが、しかし、特に老人の場合はブレーキとアクセルを間違える事故が時々ある。このことから言えるのは、鈍くなった運動神経によるものであると言える。私がアルバイトとして国鉄、品川客車区で夜、働いていた時、操車場専用の小型の蒸気機関車に轢かれそうになったことがある。2メートルぐらい機関車が近づいた瞬間、横っ飛びをして命拾いした経験から言うと、単なる身体と言うより発達していた運動神経によるものであると言える。

　山崎はソフォクレスの『アンチゴネー』の悲劇を巧みに述べている（42頁）が、既述したように不思議なことにヘーゲルの『精神の現象学』の中で重要な役割を担っているアンチゴネーとクレオンとの二つの対立した正義、つまり局限した常識、即ち、神の掟・家族愛と人間の掟・国法との対立には全く触れていない。このことはショーペンハウアーがヘーゲルを極端に嫌っていたためであろうが、山崎はアンチゴネーが家族愛と国法を共に全く同一の正義と考え、強い「背反併存」（42頁）に陥った所から悲劇が出て来るような言い方をしている。しかし、ヘーゲルは、アンチゴネーは女性であり、その本能、本質として神の掟・家族愛を強く持っているので、男性であるクレオンの主張する人間

＊　サンスクリット語：ālaya-vijñāna、これは個人存在の根本にあり、普通は意識されない識のことであり、眼識、耳識、鼻識、舌識、身識、意識、末那識、阿頼耶識の八つの識の最深想に位置すると考えられている。ālaya の意味は住居、場所であり、拡張すれば位値論理（stellenwertige Logik）に連係し得る。vijñāna の意味：意識、生命力、心、洞察力。

の掟・国法を無視すると述べて、意識、または精神の歴史上の経路を論究している。しかもヘーゲル独特の表現、例えば an sich, für sich, an und für sich をしばしば使用している。ドイツ語独特の展開をしているので、この叙述の方が劇作家としての立場から考える悲劇の叙述よりも、ヘーゲルの方に哲学的思考の深さ、独創性を認めざるを得ない。しかし、ショーペンハウアーはヘーゲル哲学を徹底的に嫌っている。例えば „(weil) ich <u>fortwährend das Falsche, das Schlechte, zuletzt das Absurde und Unsinnige</u> in allgemeiner Bewunderung und Verehrung stehn sah, ……" (A. Schopenhauer Sämtliche Werke 2. Band, *Die Welt als Wille und Vorstellung*, S. XVI. 以下頁数のみ)「私（ショーペンハウアーのこと）は<u>長い間、誤ったもの、劣悪なもの、最終的には、不合理なもの、無意味なものが、全面的な感嘆と尊敬になっているのを見た</u>」と述べ、ヘーゲル哲学を痛烈に批判している。この批判は、ヘーゲルと同じ時代に活躍した J. F. フリースの論文『ヘーゲルの弁証法』と似たところがあるが、フリースの方が冷静に批判している*。とにかく、ショーペンハウアーは感情的になって判断していると言えよう。以上のことから多値論理、更に多間係論理が考えられ得るとだけは言っておきたい。

　さて、神の掟と人間の掟とに関して言えば、日本にも実例がある。これは与謝野晶子の「君死にたまふことなかれ」の詩であり、正に家族愛・神の掟の典型的なものである。これは日露戦争時、旅順港包囲軍の中にいた彼女の弟のことを思って書かれたものである。がその詩を、歌人の大町桂月は徹底的に非難した：「皇室中心主義の眼を以て、晶子の詩を検すれば、乱心なり、賊子なり、国家の刑罰を加うべき罪人なりと絶叫せざるを得ざるものなり」（総合雑誌『太陽』博文館）と。しかし晶子は自殺はしなかった。それだけ意思の強い人だったのかも知れない。それ故、彼女の生き様は悲劇にはならなかった。これに対して、旅順攻撃の指揮を執った乃木希典は二人しかいない息子が戦死したのを聞いた直後「よく死んでくれた。これで世間様に申し訳が立つ」と言ったとの

---

*　拙著『科学理論におけるヘーゲル大論理学批判』の中の「フリースのヘーゲル批判」207 頁参照。

ことである。最愛の子供が死んで常識的にはそうは言えないであろう。私も同じ様な体験（平和時であるが私の一人息子の死の体験）をしているので乃木の奥底の心情はよく分かる。が、数多くの戦死者を出した乃木は、上述のように言わざる得なかったのである。彼は「一将功なりて万骨枯る」には耐えられなかったのであろう。そして、最後には明治天皇崩御と同時に夫人と共に殉死するが、これの原因の一つに、多数の戦死者を出したことに対する責任感があったのかも知れない。こう述べて来ると晶子より悲劇性が強いように思われる。そして、乃木の行動はヘーゲルの神の掟と人間の掟との統一を実際に行動したと言えよう。ヘーゲルもその統一は述べている。ヘーゲルによると男性は本質的性質として人間の掟を、女性は本質的性質として神の掟を持っていると先ず述べる。通常、男性は外に出て働き（第二次大戦中の日本における徴兵制度は典型的な人間の掟である）、女性は子供を産み、家庭にいて本能的に子供を熱心に育てる性質を持っている所から神の掟（das göttliche Gesetz　神が授けた掟）なのである。ヘーゲルは個人の悲劇（アンチゴネーとクレオン両人の悲劇）を語りながら、「純粋な普遍態」、即ち神の掟と人間の掟を論究しているのである。このことに関連して、ヘーゲルは戦争について語っている箇所がある。「人倫的実体（一定社会内で承認し合う事実、例えば、かつての日本の徴兵制度）の持つ本質的契機とは、人倫的な自己（男性自身）の本質存在（Selbstwesen）があらゆる個々の特定の生活立場に居ること（Dasein）から絶対に離れてしまった自由（例えば徴兵制度により戦争に参加すること）であるということである。この自由の現実態と厳守とから出て来る精神と形式（表現形態）とが戦争なのである」（S.341）。ここに人間の掟があるが、ヘーゲルの主張文は概ね対象言語がかなり抽象的であり、このことは、上述の原文を読んだだけでも分かる。とにかく『精神の現象学』は理解しにくい文になっている。「戦争は一方では私有権と人格的自立性（個人として自由に生活出来ること）という個々の仕組み（現代語で言えば、システム）に対して、また個々人の独立した人格自体に対しても、（それらを）否定してしまう力があることを感じさせるが、他方では、戦争においては、正にその否定してしまうという本質実在（dieses negative Wesen）が全

体（国家）を維持するものとして有る限り、その（国家の）地位を高めるのである。（それもその筈）女性を大きな喜び（Lust、複数だと普通、肉欲となる）に浸らせる勇敢な青年は、言葉を変えると、隠されていた破滅（死）という原理を明るみに出すことになるからである」（S.341）。第二次大戦中極めて多くの将兵が国のために死んでいる、特に、特攻隊員が自分の死の月日、時間を国によって絶対に決められてしまっている事実は、それだけ国家が偉大であり、彼等の行動は悲劇そのものである。彼等が「悠久の大義に生きる」と書き残して死んだとしても、今の日本の若者の問題ある行動を見ると無駄死にであったという疑念は残る。

　さて、山崎は「表象」を重要視している。彼はショーペンハウアーの主張文「世界は私の表象である」を挙げて次のように述べる：「表象（Vorstellung）とは端的に前に（vor）立てる（stellen）ことであり、「眼前に立つもの」のことであって、文字通り「現れて」、「見える」ものを意味している。見えるといってもただ感覚に写るのか、それとも、それが理性に対して明晰判明に認められるのか、これらの事柄は哲学にとって重要な区別だが、表象という言葉はそれが問われる以前の場所に現われるものを指している。表象という言葉を説明なしに使った場合、それは実在なのか、真にそこに「ある」のか「ない」のか、問題にされる以前の現象を指している筈なのである」と（44頁）。そこで彼はショーペンハウアーの文を提示するが、訳文は誤解しているので、先ず原文を出してみよう：„So ist …das Zerfallen in Objekt und Subjekt die gemeinsame Form aller jener Klassen, ist diejenige Form, unter welcher allein irgend eine Vorstellung, welcher Art sie auch sei, abstrakt oder intuitiv, rein oder empirisch, nur überhaupt möglich und denkbar ist.“（S.3）. 拙訳：「客観と主観とへの分裂ということは、すべての例の部門（記号論理で言えば「クラス」）の表象に共通の形式、正に形式そのものなのである。何となれば、表象がどんな種類のものであっても、（例えば）抽象的もしくは直観的であっても、純粋もしくは経験的であっても、その形式の下でのみ表象は可能であり、考えられ得るからである」。白水社版訳：「客観と主観への分裂ということは、すべての

部門の表象に共通の形式である。表象が如何なる種類のものであれ、抽象的であれ直観的であれ、純粋であれ経験であれ、何らかの表象がおよそ<u>そのもとでのみ</u>可能となり考え得るものとなる形式である」（46・47頁）。この訳文中の「そのもとでのみ」は原文では「形式」のことであるが、山崎は白水社版の和訳から「表象」と解釈してしまったのである。そして彼は次の様に述べる：「ここでショーペンハウアーは先ず<u>最初に表象があって</u>、それが主観と客観へと分裂するのであり、その逆ではないことを明らかに強調している。先ず主観があってそれが表象を産むだとか、客観が先にあってその反映として表象が生まれるなどという、伝統的一元論の争いを一蹴していると言える。敷衍すれば、主観も客観も精神と物質の様な単独の実在ではなく、現れとしての表象を形成する要素に過ぎないと考えている」と（45頁）。しかしながら、山崎の上の主張文はショーペンハウアーの引用文からは出て来ない、即ち、そこには間─係がない。何故ならば、上述のショーペンハウアーの文は客観と主観との分裂が形式であると言っているだけだからである。主観が精神、客観が物質として分裂している形式をショーペンハウアーは言っているだけである。山崎の主張文「主観も客観も現れ（現象）として形成する要素に過ぎない」が真であるとしても。山崎が主張したい命題はショーペンハウアーの別の頁にある、即ち「……我々は客観からも主観からも出発するのではなく、むしろ意識の第一の事実としての表象から出発するのである。この表象の第一の極めて本質的な根本形式が客観と主観とに分裂するということである」（S.40）。

　ところで、山崎の述べる「表象という言葉は問われる以前の場所に現われるものを指している」（44頁）という命題は、そう述べることによって、その言葉は言葉である限り、時間的に後から述べていることになってしまう。このことはヴィトゲンシュタインの『論理哲学論考』（*Tractatus logico-philosophicus*）に間─係して来る。何故ならば、この人の有名な命題「世界は個々の場合の実例すべてである」（Die Welt ist alles, was der Fall ist.）があるからである。その『論理哲学論考』を翻訳した奥雅博は日本語に成りにくいヴィトゲンシュタインの用語にかなり苦労している。中村元は「一つの哲学を絶対化するのはよく

ない」と言っているが、そうすると、和訳困難なヴィトゲンシュタイン哲学に人生を懸けて研究没頭した結果も絶対化になってしまわざるを得ないので良くないのか。別言すれば「蛸壺研究」は哲学研究としては不適切であろうか。金子武蔵のヘーゲル『精神現象学』の和訳本は蛸壺研究になるので悪いであろうか。それは翻訳本ではあるが、これに間-係している色々な文献を金子は提示して、深く論究しているので、単なる蛸壺研究であるとは言えないであろう。また、奥の訳本『論理哲学論考』は結果的にはどちらかと言えば蛸壺研究になるかも知れない。ドイツの哲学界では翻訳本は研究書とは見なされないが、言語表現の全く異なる日本語にすることは、特にヴィトゲンシュタイン哲学に関しては単なる蛸壺研究だと言って済まされることではないであろう。

　さて、ショーペンハウアーの「世界は私の表象である」という主張文は如何なる証明をも必要としないものだと考えられているが、しかし、世界の経験的実在態としての客観は、上述の主張文によって拒絶されてしまうことはない。何故ならば、客観としてのその実在態がこれを表象する主観によって制約されていることは、また、逆に主観は客観によって制約されているからである。実例を挙げてみよう。それは、先ず「暗黒物質」（dark matter）を挙げ得る。2020 年当時、それは宇宙に実在することは確実であるが、その正体は全く分かっていなかった。暗黒物質は、我々が知っている物質（例えば、星、空気、人間の身体を構成する原子、分子）とは全く性質の異なる物質であることは分かっていた。それの検出装置として、素粒子と媒質との相互作用による発光（媒質：ヨウ化ナトリウム、液体キセノン等）、発熱（媒質：ゲルマニウム、ケイ素等）を利用すると考えたこともあった。いずれにしても、暗黒物質の実在を人間が捉えようとしていると共に、その物質が能動的に何らかのものを出している。即ち、暗黒物質は人間と同じ様に能動と受動との相互作用（Inter-aktion）を持っているのである。

　山崎は身体・表象を出発点として主張文を出している。このことは出発点から移動していることを示している。何故ならば「世界は私の表象である」は論理的言葉として表現されてしまっているからである。その主張文内の「私の表

象」の「私」は主観であるが、山崎の主観は一人称の「私、我、自我：Ich」がすべてになっている。主観はそれだけでなく、二人称の「君、他我：Du」、三人称の「彼、それ、事物、有体物：Es」も主観を持っている。こう言うとギュンターの考えが出て来る*が、単なる主観があるだけでないことだけは確かである。

　さて、表象について考えて見たい。ヘーゲルの研究者として有名なホフマイスター（J. Hoffmeister）の『哲学的概念の辞書』（*Wörterbuch der philosophischen Begriffe*）に載っている「表象」の解説を先ず挙げておこう。「表象とは、先行する知覚および感覚に基づいて意識から成立する心象（Bild）、しかも<u>対象</u>の心象あるいは<u>外界</u>の出来事の心象であり、これは表象されたもの（思い出という表象）が実在しなくとも、多かれ少なかれ完全に再現される知覚心象として産出され得るか、あるいは、知覚（創造表象）の前以て有る諸々の構成要素が主観によって結合され産出され得るのである。その限りで、表象は思想、概念、理念ではない」。「心象（Bild）の意味は心（Seele）の層構造からのみ解明され得る」が、ヘーゲルによると心象の永続的な流れを破ってしまう精神は心象のところでは否定される。しかし日本語では大和魂は日本精神であり、後者は前者でもあるから、ヘーゲルとは違う。また日本における曹洞宗の開祖、道元は『正法眼蔵』の「辨道話」の中で「仏法には、もとより<u>心身一如にして性</u>（シンジンイチニョ）<u>相不二（本体と身相は二つのものではない）</u>（ソウフニ・カラダ）<u>なり</u>」（中村宗一『全訳　正法眼蔵』巻四、304頁）と述べている。「性相不二」についての増谷文雄の解釈：「存在論的に論ずれば、存在の変わらぬ本性が問題となる。それが性である。また、現象論の立場から観れば、存在の現象が問題として取り上げられる。相とはそれである。かくて、性と言い、相と言うが、それは決して別のものを言っているわけではない」（『現代語訳　正法眼蔵』第8巻、253頁）。玉城康四郎訳は、「本体と現象も二つではない」（『現代語訳　正法眼蔵』第1巻、55頁）であり、表現方法は増谷と解釈はほぼ同じである。

---

*　ギュンターについての論述は拙著『科学理論におけるヘーゲル大論理学批判』（121頁参照）。または『根本概念としての間』（214頁参照）。

　ところが、安谷白雲の解釈はかなり異なっている。彼の思考方法は次の通りである。その中核は、①身心一如、②身心脱落、③坐禅である。①とは身（肉体）と心（精神）が元来一つであり、一つできわまっているということである（『正法眼蔵参究　現成公案』49頁）。

　私見：肉体を脳とすると、脳内の多数の神経細胞が細胞をつなぐ接合部「シナプス」を媒介して情報のやりとりをするものであり、この働きが精神である。

　安谷：仏道は自と言えば全部自であり、他と言えば全部他である。自他を分けるのは凡夫迷妄の夢であって、真実の世界に自他はない（同104頁）。

　私見：そうすると2値論の研究者は凡夫、迷妄の夢を持つ人か。その理由を説明出来た人は2値論理の領域に陥ってしまう。

　②は坐禅によって出て来る悟りの境地である。坐禅は非思量であり、自無く、他無く不二とも言う。②は道元の考えた概念である（同145頁）。

　私見：中国で語られていた言葉は心塵脱落であった。ここに正に転間がある。

　③についての私見：坐禅は元々独り静坐している姿であるが、現在では複数の人が禅堂で坐禅するので座禅としておく。

　他方、増谷の解釈では、存在論と現象学という二つの異なった観点があるので、それを如何に考えるかが問題になるであろう。私の考えでは、主観と客観とに分かれる前に山崎の主張する様な身体（現象）があるとしても、そう言った時、既に存在が生起してしまっている。従って、このことは相互作用（Interaktion）を有するのである。先述の道元の言う「心身一如」は既述した通り、肉体と精神とは切り離せない一つのものであるとも言える。分かり易く言えば、一枚の紙の表と裏であり、いわゆる表裏一体である。表は裏を隠し持っていて成り立ち、裏は表を有しているが、隠し持っていて成り立つ。英語で言えば mind-body unity（心身単一）か場合によれば unity が same（同一）である。このことに1990年頃問題になったクオリアが間-連する。Qualia を多くの哲学者達は自分が体験する時のその体験、個人的、一身上の経験としている。例えば、ベートーヴェンのピアノソナタ16番を聞くと、これが苦痛感覚とか、あるいは赤い色の感覚と結び付いてしまう人がいる。また、自我（Ich）自身

の印象は、これと間介している研究者（従って、哲学者も入る）にとっては、根本的には隠れたままになっている。こういう認識がすべての意識（Bewusst-sein　知られて有ること）と言うよりは、識｜サンスクリット語：vijñāna：意識、生命力、心、洞察力。ドイツ語訳：Erkenntnis（認識），Kenntnis（通常は、体験して物事の性質を知っていること），Wissen（普通は、教えられたり、情報を得て知っていること）｜，また、vijñāna は世界に係る相対的な知識であり、また意識の geistige Aktivität（精神的活動）により生じる。vi は分離を意味することであるので、vijñāna は明白な考え方からは離れた意識となる。また、vijñāna は啓発されていない人間の意識でもある。従って、以上のことは二元化された意識である。ドイツ語では意識は Bewusst-sein（知られて-有ること）であるから厳密に言えば相互依存（Inter-dependenz）である。このことは識（vijñāna）に間-連する。八識は五種の感覚（視覚、聴覚、臭覚、味覚、触覚）、意識（心）、二層の末那識、阿頼耶識（両者共無意識に帰属する）であるが、ここで重要なものは、後者である。サンスクリット語では ālaya-vijñāna であるが、ālaya は住処、蓄えるという意味であり、阿頼耶識は「蔵の心」と言える。それは一つ一つの行為を種の様なもの（種子）であるとして、溜め込むものであるが、意識することのない識であるから、無意識の識と言える。また阿頼耶識は過去の経験を保持し身体を維持しながら恒常的に働くのである。従って、その識は心身一如になって来る。山崎が述べる車の運転中、何かに衝突しそうになった瞬間ブレーキを踏むのは身心一如、若しくは、上述の意義（Sinn）を有する限り阿頼耶識の行為であると言えないこともないが、私は優れた運動神経、運動ニューロンによると考えている。

第5章

福岡伸一と西田哲学におけるロゴスとピュシス

　山崎は身体に関してアンビヴァレンス ｛Ambivalence　反対感情両立（同一の対象に対して愛憎等の相反する感情を同時に抱くこと)｝ を述べている。彼によると「愛憎という反対感情は両立するばかりか、対立によって逆に他を増幅し合う様な内面状態」（『哲学漫想』41 頁）であると言う。その概念も「愛憎を同時に抱く」と言っても、愛そのものが憎と同一であるわけではない。精密に言えば、そこにあるのはいわゆる矛盾ではなく、背戻（Antipalon）である。そこで、これに関連して『福岡伸一、西田哲学を読む』（池田善昭・福岡伸一）を取り上げてみよう。

　その書で問題になるのは「ロゴスとピュシス*」であり、西田哲学はロゴスでなくピュシスの立場に立っているということであるが、そう言えば、その限りで位値論理学（stellenwertige Logik）のロゴスに帰属してしまう。また、福岡は分子生物学者（molecular biolog）であるのでまたロゴスに間-係してしまう。そもそもピュシス（φύσις　自然、生産、出生、起源、根源、自然の創造力、等）は動詞 φύω（生み出す、惹き起こす、生じる、等）に由来する。このような意義（Sinn）からロゴス（言葉）を生み出す働きを持つ（φύω）と言える。このことは単なる言葉遊びではない。ハイデッガーが「真の存在はヒュシスの中にある」と言ったのは、存在が真剣に考えられて来なかったことから、存在を生み出す働きとしてヒュシスが考えられたことでもある。また、自然科学の堅固な型枠（Gestell）を飛び出す契機として単なる自然でなく、存在を生み出す原動力としてのヒュシスをハイデッガーは考えたところがある。池田が「コン

　＊　福岡の考えに立つ側の人はピュシスを使っているのでそれを使うが、それ以外はヒュシスにする。

ピューターを使って表せる世界はすべて数学的世界で、分析的に到達できる」
(『福岡伸一、西田哲学を読む』42 頁。以下頁数のみ) と述べるが、新型コロナウ
イルスの飛沫感染の原因となる咳の飛沫状態を高性能のコンピューターで計算
した結果は分析ではなく、逆に総合になる。池田は「主客未分」(主客合一)
を主張しているが、ヘーゲルの『精神現象学』の中では「精神は物である」、
とか「実体は主観である」という主客不分の考えがある。池田は「時間と空間
は全く矛盾している。一方は流れであり、他方は流れないが、しかし現実では
時間と空間とは一つになっている」(89 頁) と言うが、この「一つ」は矛盾で
はない。何故ならば、時間が流れているという意味そのものは空間ではないか
らである。空間が時間と同じように絶えず流れて留まるところが無いとは言え
ない。例えば「私が今書斎で仕事をしている」は時間と空間とが一つであるか
も知れないが、ここに矛盾があるとは言えない。時間と空間とが同時に存在し
ても矛盾にはならない。池田は「年輪は環境に包まれつつ環境を包み、かつ
(同時に) 環境は年輪を包みつつ、年輪に包まれる」(129 頁) と言う。この文
は、主語の年輪が「包まれる」と「包む」を、同時に環境が「包む」と「包ま
れる」を持つのが西田の「逆方向」の作用であると言う。このことは観点の相
異に基づいて受動と能動があり、同時に、能動と受動があるだけの話である。
このことは矛盾ではない。これの中味を言いたいのであれば、それは矛盾では
なく、私見では背戻 (Antipalon) でなければならない。ドイツ語では環境は
Umwelt (囲む世界) であり、年輪は Baumring (木の輪) であるが、その世界
は一つの実例 (ヴィトゲンシュタインの Fall) であり (年輪・木の輪) を包んで
いるが、他の一つの実例、年輪が世界を包むとは、年輪一つ一つが例えばその
年の世界の温暖の変化、北側、南側という位置の変化等としての実例を包んで
いるということである。環境も年輪も同じ実例であるが、環境の包む、包まれ
るの意義$_1$ (Sinn) と年輪の包む、包まれるの意義$_2$とは異なっている。しかし、
包む、包まれるという表現形式、即ちここでは意義に数字$_{1と2}$を付けない限り
では、「意義」と言う表現は同一なのである。こうして差異と同一が生起する
のである。

　池田はロゴス（λόγος）からピュシス（φύσις）を分離させて、前者を拒否して、後者を重要視しているが、そうであるならば、～logie、～logy という後綴りの学は一切不適切であることになる。例えば Phänomenologie（現象学）、Ontologie（存在学）、Geologie（地質学）、Biologie（生物学）、Theologie（神学）等々が挙げられ得る。また～ik は事実、知識、原理等の集大成としての学術のことであり、例えば Physik（物理学）は、ヒュシス（φύσις）と ik に由来する。更に、キリスト教、新約聖書マタイ福音書は、「始めに（根源）にロゴスがある」であり、しかもロゴスはイエス・キリストのことなのである。またドイツではヴィトゲンシュタインと同様に高く評価されている H. リップスの hermeneutische Logik（解釈学的論理学）も否定、拒否されることになる。Logik がロゴスの学であるが故に。だがリップスによると λόγον ἔχον ｛ロゴス（言葉）を持つ｝は「自然（Natur）を規定するのではなく、人間の実存を規定するのである」（Hans Lipps, *Untersuchungen zu einer hermeneutischen Logik*, S.11）。リップスは色々な話しぶり、談話、対話等、言葉（ロゴス）を熟考している。この考え方の中に当然ヒュシスは自然という意味ではあるが、これよりむしろ生起するの意味の方が必要であり、それ故 λόγος σημαντικός（意味のある言葉）が重要であり、このことは意味を他人に知らせることでもある。以上の論点を考えると、ロゴスの領域内にヒュシスは入ってしまう。ヒュシスを語れば語る程、ロゴスの領域の問題になってしまう。そうであるならばヒュシスの本質は何であるか。西田はピュシスそのものを語っているのでなく、禅宗とヘーゲル弁証法から生起した思考パターンである限りでのヒュシスを述べていると言うことが出来る。何故ならば西田哲学は鈴木大拙の禅宗思考とヘーゲル哲学に類似した表現がかなりあるからである。池田がロゴスでなくピュシスを一所懸命に語る仕方は、ハイデッガーが存在者ではなく存在を語る仕方と全く同じである。しかもこの人は、東洋思想、例えば老子、荘子に強い関心（Interesse、これは直訳すると「間の存在」）を抱いているが中国語を使ってはいない。ナーガルジュナ（Nāgārjuna　竜樹）の空（śūnya　シューニャ）を中国では無と訳したが、この解釈は正しくない。何故ならば、ナーガルジュナの空は相依関

係であるからである。私見では、それは間-係一般であり、Inter-sophie（間の哲学）である。池田、福岡はロゴスでなくピュシスを主張するが、ロゴスが有るからピュシスが有り、ロゴスが無ければピュシスは無いのである。ハイデッガー風に言えば、存在者（または存在）が有るから存在（または存在者）が有り、存在者（または存在）が無ければ存在（または存在者）が無いのである。池田は「西田の〈場所〉は無の場所であり、これは自覚の場所といえよう」（140頁）と言うが、無が自覚であるならば無ではない。ハイデッガーがNihits nichtet（無が無化する）と言ったのは、無が何かであると言えば、無でなくなるからである。また、無が自覚の場所であるならば、stellenwertige Logik（位値論理学：位置・場所を値として考えて行く論理学）または、場合によってはKeno-grammatik〔原則的に真理値のシステムの代わりに空席を確保しておく記号、つまり空記号。Kenos, 空を意味する。厳密に言えば、唯一の記号の繰り返し（例えばaaaa=4）、若しくは異なった多くの記号の増加（例えばabcd=4）、これらは、古典数概念の基礎に弁証法的な考えがある。その基礎と考えとの間にギュンターは空記号を入れる。例えば、数字4は空記号の連続aaab/aabb/aabc等々によって表される。従ってこれらは古典的な順番通りの数字の直線型構造を否定し捨ててしまっていること〕に繋がる。

　さて、絶対矛盾的自己同一はアリストテレスの矛盾津を肯定すれば、認められない。が、矛盾を真として論理展開しているのは、ヘーゲルの『大論理学』であり、西田も弁証法を使っているので、『大論理学』を理解する必要がある。私も拙著『科学理論におけるヘーゲル大論理学批判』の中で、矛盾は如何なる意義（Sinn）で使用されているかを徹底的に論究したので今更言うこともないが、『大論理学』もアリストテレスの矛盾律を否定しているわけではない。それを否定するとどんなでたらめなことを言っても良いとなってしまうからである。矛盾を肯定し認めているのではなく背戻・背反（Antipalon）を真と認めているのである。これと似た考えを持っているドイツの哲学者は、M. ベンゼであることだけを言っておく。

　池田は言う：「合成作用のところで分解作用が隠されているわけで、分解作

用のところでは、合成作用が隠されているわけです」と（141頁）。この考え方は既述した安谷白雲の「身心一如」の考え方と全く同じである。ということは、ピュシスを池田が述べる考えは、禅宗の論理に則って論じていると言える。私がデュッセルドルフ大学（ドイツ）の客員教授をしていた時、一般科学理論（allgemeine Wissenschaftstheorie　学術論）の専門家が鈴木大拙の思想に非常に強い興味を抱いていて質問を受けたことがある。その専門家は一般にドイツ哲学とは異なった禅宗の論理に大きな関心（Inter-esse）を持ったからだと思う。絶対矛盾の自己同一も禅宗的考え方とヘーゲルの弁証法とに依存しているのであり、それ故ナーガルジュナの相互依存つまり無自性説に基づいているところがあると言える。が、ヒュシス（自然）を語れば語るほどロゴス（言葉）の境域に入っていることになるのである。

福岡：時間の中味は「絶え間なく流れているものの中に、一回限りの一瞬がふくまれているのですね」。

池田：「そうです。全く矛盾しているのですが、その一瞬が過去と未来との同時性でもあるんです。ですから、時間そのものが絶対矛盾の自己同一と呼べるものなのです」（174頁）。

　以上の対話（Dia-log, log はロゴスに由来する）は、絶対矛盾の自己同一にはならない。何故ならば、「流れていること」という意味は、それと同じ観点で、同時に「流れない」、即ち「静止している」とは言えないからである。ヘーゲルの言う矛盾の典型を挙げてみよう。『大論理学』の中に次の主張文がある：「偶然性は絶対必然性である」を少なくとも二回述べている箇所がある。例えばA氏が散歩していて、A氏から見れば、偶然に交通事故で大怪我をしたとしよう。このことを時間的に後から考えれば、例えば泥酔者による車の運転でA氏に大怪我を与えてしまったという交通事故を引き起こした事実があり、これは事実以外の何物でもないので、絶対必然性となる。「偶然性は絶対必然性である」という命題は、観点の相異が生起するから言えるのである。前述の「一回限りの一瞬」と言った時、既に「絶え間なく流れている」という観点から離れた別の観点に立ってしまっているのである。流動が同時に静止であると

言えるのは、例えば流動体の一瞬を鮮明に写せるカメラで捉えた写真という観点があるから静止ということが言えるのである。そういう矛盾は私見では背戻・背反（Antipalon）である。

　西田が「外に出ることは内に入ることであり、内に入ることは外に出ることである」と言っているが、これは正にヘーゲルの述べている内容と同じである。ヘーゲルの方が複雑な論理展開ではあるが。ヘーゲル曰く：「事柄においては、内のものと外のものとは相互に浸透し合う同一性である。深められた内容のある根拠としてある限り（als inhaltsvolle Grundlage）」と（*Wissenschaft der Logik*, Ⅱ　Suhrkamp Verl. S.180. 以下頁数のみ）。序でに言っておきたいことがある。それは上の Wissenschaft der Logik の意味である。普通、「論理の学」と訳すが、それならば論理学（Logik）と同じではないかと批判される。ヘーゲルも『大論理学』の中で、例えば objektive Logik（客観的論理学）という表現をも使っている。何故 Wissenschaft を使っているのか。これは、ここで問題になっているロゴスに係わっている。それは allgemeine Wissenschaftstheorie（一般科学理論・学術論・学問論）を指しているのである。従って「序章」で述べた通り、学術論は自然科学、社会科学、人文科学 ｛ドイツ語では精神科学（Geisteswisssenschaft、この語はディルタイが使っていて、それを詳しく掘り下げて研究している）｝ これらの学問性を相互作用、相互浸透として熟考することを目指しているところがある。従って極東の禅宗思想も研究対象になるのである。福岡の西田哲学への依存研究もロゴスとピュシスとの相互浸透、相互依存として、換言すれば、互性創新問題として取り上げられ得る。ピュシスを語ればロゴス（言葉）の問題になってしまう。ハイデッガーが「言葉は存在の家である」と言ったが、言葉が存在を保護していて、存在が言葉によって隠されているとも解釈出来る。いずれにしても存在は言葉（ロゴス）に関連している。隠れているヒュシス（自然。型枠となる自然ではない）を明らかにするには言葉が必要なのである。

　既述したヘーゲルの引用文、即ち「内なるものと外なるものとの同一性」が述べられた直ぐ後で「外面性においては、事柄の形式としては、内なるものと

外なるものとは同一性に対立する。従って両者は相互に対立し合って無関係
（gleichgültig）である」（S.180）と語られる。この文は表現形式の段階にあるが、
最初に示されたヘーゲルの文は西田の「自己同一」になる。

　西田曰く：「歴史的世界においては……空間と時間との一と多との、否、有
と無との絶対矛盾的同一として、何処までも作られたものから作るものへと、
無基底に創造的である（上田閑照編『西田幾多郎哲学論集Ⅲ』の中の「絶対矛盾的
自己同一」312頁）と。この論文内で最も多く使われている概念は一と多であ
り、時間は多とこれを否定する一とを有し、空間も一とこれを否定する多とを
有しているとも言える。このことが西田にとって矛盾的自己同一であり、時
間、空間が人間によって作られたものという表現形式と時間、空間それ自身が
作るという表現形式とを形成して行く世界である。時間も空間も多と同時に一
なのである。しかしながら、多という意味を言ったその時、一とは言えない。つ
まり多という意味がそのままで一にはならない。多という観点とこれとは別の
観点一とが別々に有って同時に有ると言うことは可能である。西田の哲学はヘ
ーゲルの『大論理学』を高く評価して出来たものであるから、アリストテレス
の矛盾律を拒否している。それ故、西田の哲学は私の立場と全く異なっている。

　動的平衡論の先回りにおける時間という節で
福岡：「生命は絶えず先回りして自らを分解していると説明してきました。
……先回りしているというのは、実はそのこと自体が時間を作り出している作
用なんじゃないかなと思うに至りました」。
池田：「正にそうです。時間は過去から未来へ線的に流れるだけじゃなくて、
向こう（未来）から（回って）来る時間もあるということ」。
福岡：「ええ、そうですね。実は生命は常に時間を追い越していて、追い越す
ことによって始めて時間が生み出されているんじゃないかな、というふうに感
じる様になっています」（215頁）。

　両人のやりとりの内容は、未来という時間に必ず生起する事実が今という時
間に生起しているということである。未来の必然態が今あるということであ
り、今あるにしても現実態そのものではなく、未来の必然態という様相が否定

除去されてしまうことはない。更に、例えば人間は必ず死ぬという必然態であ
るが、今現実態として死んでいるわけではない。そこに様相の差異がある。ま
た、そこには死という必然態がそれだけで生起しているのではなく、生の現実
態との相互依存（ナーガールジュナ・竜樹の pratītya-samutpāda プラティートゥ
ヤ-サムトゥパーダ）に成っているとも言える。また、未来の一定時間が現在の
一定時間に近付くことは、向こうからやって来ることでもある。しかしなが
ら、例えば上から下へと流れている水が、そのままの状態で、同時に下から上
へと流れることは無い。時間も同じである。しかし福岡は生命が時間を追い越
して時間を生み出すと言い、細胞の分解と合成との同時進行とも言う。これが
出来るためには「先回り」しないといけないとも言う。時間を生み出すなら先
回りが必要であるが、これは時間の先回りではないとする。しかし、彼は言
う：「オートファジー（細胞自食作用）は細胞内で大規模に壊す仕組みである。
しかも老廃物が出たから壊すというのではなく、できたてほやほやなものなの
にこれを先回りして壊すのである」（302 頁参照）と*。私見：「できたてのほや
ほや」であると言えば、そこに一定の時間一定の場所が生起してしまっている
のではないのか。それと同一条件で先回りすることが出来るであろうか。
池田：「滑落しやすい岸壁を命がけで登攀するクライマーは、岸壁上での一挙
一投足を意識してはいないが、そうした無意識なる行為、つまり、岩角を摑み
そして離す、離してそして摑む（これは、ミクロな福岡科学では、細胞膜上での
「先回り」における分解と合成の〈再構築〉に相当する）」（334 頁）。
私見：「無意識なる行為」はナーガールジュナの阿頼耶識上の行為である。離
す、摑むの相互行為（Inter-aktion）であり、無自性である。ここに間の哲学
（Inter-sophie）若しくは、間論（Inter-logie）｛既述したが、logie はロゴス（λόγος
言葉）に由来する｝が生起する。見えないひび等があり、触れると落ちやすい
岩角をクライマーが摑めば必ず落下する。このことは必然態である。クライマ
ーは、登攀中（今）その必然態を過去に色々体験した身体で、または、無意識

---

*　このことを拙著『根本概念としての間』（205 頁）においても論じている。

の識としての心の中で、覚えているのである。このことはその必然態が登攀中の今（現在態）として心の内にあるのである。それ故必然態が現在態であり、逆に現在態が必然態である。しかしこれは西田の言う矛盾ではない。落下する必然態は心の内に有り、その現実態は落下している状態ではない。

池田：「「先回り」という概念と「同時進行」とは同じことであり、……西田においては「過去未来が現在に同時存在的である」と言われます」（218頁）。

私見：既述したように未来の必然態が今の現在態と同時にあり進行することは、やはり、様相における観点の相異を並列、若しくは上下重ねて、成立させているのである。この場合、必然態と現実態とが同一であると言うことは出来ない。

福岡：「「先回り」は時間の問題と密接に絡んでいて「①未だ来たらざるものであるが、②現在において既に現れているもの」（①、②は私が入れた）（249頁）。

　①は必然態であり、②は現在態ではあるが、落下するという必然態がそのままで落下しつつあるという現在態であるのではなく、また、その現在態がそのままで必然態であるというのではなく、必然態が今あるのであり、今あるのが必然態であるということなのである。また、過去と未来とを今考えているのであれば、今考えている限りでは、それらは同一である。

池田：「「西田は生と論理と実在というのは、これは全く一つのものである」と明言しています」（274頁）。

私見：例えば、生きていることは呼吸していることであるとすると、この判断は論理であり、実在していることでもあると言える。その限りで、三つの概念は同一となる。要するに同一となる意義（Sinn）が有れば生起するのであり、間-係における判断（Ur-teil　根源的な部分）の問題になる。その限りで、それは無-間係（間の繋がりの無い状態）から反照論理の問題に係るのである。

　さて私は矛盾について或る学会でヘーゲルの矛盾はアリストテレスの矛盾律の矛盾ではないと主張して複数のドイツ人哲学者と議論したことがあるが、反論されなかった経験がある。そこでアリストテレスの矛盾律を拙著『反照論理学』で既述したが、そこでは文章が間違っていたのでもう一度提出しておく。

Τὸ γὰρ αὐτὸ ἅμα ὑπάρχειν τε καὶ μὴ ὑπάρχειν ἀδύνατον τῷ αὐτῷ καὶ κατὰ τὸ αὐτό. (*Aristotle Metaphysics*, The loeb classical library, 1005b　19f.)

和訳:「同じものが同じものに、そして同じ関係の下で属し、属さないことは不可能である」。

分かり易く言うと「現実において、一つの事実が同一の時間に、同一の関係において、同一の性質を持ち、持たぬことはできない」である。

（二値の）記号論理学の中の立言論理学での矛盾律は

$$\sim(p \wedge \sim p) \cdots\cdots\cdots ①$$

述語論理学における矛盾律は一応

$$(\forall xFx \equiv \forall x \sim Fx) \leftrightarrow 偽 \quad 或は \quad (\forall xFx \not\equiv \forall x \sim Fx) \leftrightarrow 真 \cdots\cdots\cdots ②$$

と言えよう。

以上の矛盾律に対して

池田:「先回りという概念と同時進行とは同じであり、西田の立場ではそれを先回りと言わないで、「同時進行」として理解されるわけですね。西田においては、「過去未来が現在に（おいて）同時存在である」と言われます」(218頁)。

上の①、②式にはアリストテレスの矛盾律の中の ἅμα（同時に）という意味がないが、入れて考えることは出来る。例えば日本の敗戦（過去の事実）と新コロナの陽性をゼロにする、若しくはゼロに近付けるようにすると考えること（未来の目標）との意義（Sinn）は同じではない。実現してしまった事実とまだ実現していない事実とは同一ではないのである。西田の「現在に」は過去と未来とを今現在考えるならば、その限りでは同時存在になるのである。西田のような考え方をしてはいけないと言うのではない。背戻・背反（Antipalon）の場に立つならば出来る。私はヘーゲルの『大論理学』の批判研究をしたので特にそう思うのである。

ベテランのクライマー A 氏が険しい岸壁を登攀中だとする。彼がもろい岩角を摑むという事実は、この時間（即ち、同一の時間）において、しかも彼と摑まえられるその岩角との関係（即ち、同一の関係）において落下するという性質を持ち、持たぬということはあり得ない。逆に彼がもろい岩角を摑まない

とした場合、その同一の時間に、しかも、彼とその岩角という同一の関係にお
いて、実際に落下しなくて、同時に落下するという性質は持たないのである。

　西田の言う動と静との絶対矛盾の自己同一にならいつつ「動的平衡」（dy-
namic equilibrium）として把握したと池田はエピローグで述べている（340頁）。
動が静であるとはどういう意義か。私見では、例えば旅客機は早い速度で動い
ているが、それに乗っている人は動いていないと言うことはある。この表現は
前から言っているように観点の差異を前提にしているのである。

　ところで私は『間の哲学　Inter-sophie』の中で「西田と荘子との間」につ
いて書いた。『荘子』の中に「知北遊篇」があり、そこで「聖人者原天地美、
而達万物理」「天地の美を原ねて（または、もとづいて）、万物の理に達す」と
いう文がある。天地は万物を生育する優れた働きを持ち、しかも万物斉同とす
るが、口に出して語ることはない。例えば春夏秋冬の動きは明らかに法則を具
えていながらも、これを論ずることがない。万物はそれぞれに完成した理を持
ちながらも、これを自ら説くことはない。聖人は以上のことに基づいて万物の
具える理に達した人間のことである。この物理は現代の物理学（Physik, pys-
ics）ではなく、一切の存在を貫く根源的理法を意味する（森三樹三郎『老子・
荘子』）ので、アリストテレスの形而上学（Metaphysik）に間-連して来るが、
荘子の「知北遊篇」は言葉の否定、禅宗の不立文字に通じる考え方が多い。と
言うことは、ヒュシスの領域が生起する。道元の『正法眼蔵』も私見によれば
矛盾ではなく、背戻（Antipalon）の言葉がかなり多く使われている。

　池田：「福岡さんはピュシスというのは、ピュシスとロゴスとの間を行き来
しながら深めていくと言われました」（343頁）とあるが、これは正に私の主張
する相互依存である。池田はピュシスを徹底的に強調しながら、そうではない
のである。この人は「福岡さんとのディアロゴス（対話）によって、かくも楽
しく実り豊かな成果を収めることが出来た」（344頁）とも言っている。確かに
優れた成果ではあるが、やはりロゴスから離れているわけではないのである。

第6章

ハイデッガーと西田哲学とのピュシス (ヒュシス)

　西田哲学と言ったのは、前述の中で池田が西田哲学をピュシスとして考えて
いたからである。しかし、既述した様にロゴスとピュシスとの相互行為(Inter-
aktion) の観点から転間して、ハイデッガーによるアリストテレスの自然学に
おける「ヒュシスの本質と概念について」という論文を取り上げる段階に来
た。何故ならば彼はヒュシスを徹底的に考えて論じているからである。ところ
で、ヒュシスは現在の Physik (物理学)＊もヒュシスに由来する。

　さて、西田は「絶対矛盾の自己同一」という独特な表現を使うが、ハイデッ
ガーはアリストテレスの自然学 (Physik) に出て来るヒュシスを論究している
ので矛盾という語は全く使わない。その最大の理由はハイデッガーがアリスト
テレスを認めて研究しているからである。ハイデッガーは「ヒュシスは、自己
自身から出て、そして自己自身へと戻る途中にあることが現前していること
(unterwegige Anwesung)、従ってヒュシス自身の現前しないこと (Ungewe-
sung)、即ち現前することの不現前することである」＊＊。と言い、更に「我々
現代人は、不現前しながら現前するというようなことを軽率な (leichtfertiges)
弁証法的な概念の遊戯の中へ入れて解決してしまう傾向をあまりにも強く持っ
ている」とも言う (S.295)。アリストテレスは既述した通り、形而上学の中に
ある矛盾律を固く守っていて、また「形而上学 (Meta-physik) は全く本質的
な意味で自然学 (Physik)──即ち、φύσις の知 (Wissen) (ἐπιστήμη φυσική 　自
然学) である」(S.239) とも言う。いずれにしてもハイデッガーは西田と違っ

＊　アリストテレスでは自然学であり、フィジークとの関係で言えば、ヒュシスという発音の方が分
　かり易い。
＊＊　Heidegger, *Vom Wesen und Begriff der* φύσις, in „Wegmarken". S.297.　以下頁数のみ。

て矛盾という言葉は使わない。西田の矛盾は明らかにヘーゲルの『大論理学』の影響を受けていて、その矛盾を背戻（Antipalon）としたならば使用可能であると私は考えているが、この考えもハイデッガーにはない。

　福岡：「矛盾的自己同一というのは、「相反することが同時に起こっている動的平衡の状態」と読むことができる」（『福岡伸一、西田哲学を読む』154頁、以下頁数のみ）とあるが、ハイデッガーによるヒュシスの論究から考えれば「相反することが同時に起こっている」は矛盾ではない。動の展開はヘーゲルにも強く出ているが、ハイデッガーにとっても重要な概念である。この人は、「ヒュシス（φύσις）は動の原初である」（ἀρχή κινήσεως）(S.248)。|ἀρχή　原初、〈ドイツ語訳：Anfang（初め）, Ursache（根源）, Herrschaft（支配）〉, κινήσεως：κίνησις（動、運動）の属格|、「動としてのヒュシス」（φύσις als κίνησις）(S.293)、更に「ヒュシスを ἀρχή κινήσεως τοῦ κινουμένου καθ' αὐτό」(S.296), 意訳：「ヒュシス自身によって動かされるものの動く状態を始めからヒュシスは持っていて、自由に展開処理するのである」。「諸々の植物や動物は動く状態（Bewegtheit）内にあり、しかも、それらは停止、静止している時でも、動く状態内にある。静止は一種の動きである。ただ動くものだけが静止し得る」（245頁）と述べている。ハイデッガーのこの叙述も私の主張する背戻（Antipalon）があるから出来るのである。即ち、観点の相異があるので叙述し得る。ハイデッガーもそれと同じ考えを持っている。福岡の「動的平衡」も動きながら静止してると言える。何故ならば、「動的」は文字通り動きながらであり、そして「平衡」は「物事が一方にかたよることなく或る安定した状態を保つこと」であり、その動きが動きとして安定状態であり、そのメタ言語として生起している限り一種の静だからである。

　池田：「西田のロゴスは矛盾的自己同一である」（166頁）という主張はヘーゲルの『大論理学』の展開と大体同じであると言える。何故ならば、ヘーゲルも西田もアリストテレスの矛盾律を認めていないからである。ハイデッガーはヘーゲル、西田と違って矛盾という語を全く使わないで、ロゴスについて熟考している。またハイデッガーによると „ἄνθρωπος ζῷον λόγον ἔχον" （人間、即

ち言葉を持つ生き物である）を „der Mensch ist jenes Lebewesen, dem das Wort eignet“（人間は語を占有する例の生き物である）と訳せるし、また、語の代わりに Sprache（しゃべり言葉）とさえ言えるし、また……in ihm sich zu halten ｜その言葉の中に自己（人間自身）を保持している｜生き物であるとも言える（S.276）。ところで λόγος は動詞 λέγειν（レゲイン）に間-連する。これは lesen（寄せ集める）という意味をも持っている。それは雑多に散らばったものを一つのものへとかき集めると同時に、かつて隠されてしまったものを明らかにし、現前させることなのであるが、このことを口にするのもロゴスである。こうして運動の元初（ἀρχή κινήσεως）としてのヒュシスが現前する。「見ることに完全に集中すれば、それは静であり、その中で初めて最高度の静になっているのである」（S.282 参照）。一点に集中して見ることは静であるが、完全に色々な物事を見るならば運動である。「運動（κίνησις）としてのヒュシス」とか（前述の κινήσεως は κίνησις の属格である）、或いは「ヒュシスは動かされるもの ｜κινούμενον：κινέω（動かす）の分詞、受動相｜ という運動性（κίνησις：Bewegtheit）を出発させ、役立たせる（ausgängliche Verfügung）」（S.269）とハイデッガーによって語られる。

　ところで論題を変えたい。何故ならば、池田がエピローグの所で、ハイデッガー批判をしているのが気になるからである。池田曰く：「「エントロピー」とは「乱雑さ」即ち「没意味」（sinnlos）それ自体のことに他ならないからであった。この「没意味」の重要性について、ハイデッガーでさえ十分に理解していなかった」（340 頁）と。もちろんそう言えないこともないのだが、そのハイデッガー批判に対して私の考えをどうしてもここで述べておきたい。エントロピーに関して、池田は「統計力学における系の微視的な〈乱雑さ〉を表す物理量という意味付けがなされている」と言うが、この解釈自体がフレーゲ論理学における意義（Sinn）である。何故ならば、その解釈は一定の文になっているからである。また「乱雑さ」である限り、それは言葉、論理（λόγος）である。そうするとピュシスはどうなるのか。ハイデッガー曰く：「ヒュシスは、ヒュシス自身が現前しないことの現前していることである。どういうことかと言う

と、ヒュシス₁は、このヒュシス自身₁から外へ出て、ヒュシス自身₂の所へと行く途中にあって現前しているのである」｜数字は私が入れて、₁は「直接的」（unmittelbar）を、₂は「媒介的」（mittelbar）を示す｜と。„Die φύσις ist die aus sich selbst her und auf sich selbst an unterwegige* Anwesung der Abwesung ihrer selbst." (S.297)。この主張文をヘーゲルならば簡単に矛盾と言いたいところだが、ハイデッガーは矛盾という概念を使わない。この人の『ヘラクレイトス』（後で論述したい）のロゴス研究でも矛盾は全く使われていない。何故か。この人は思考の更に深い根源に進みたいからである。そうすると、言葉、論理の問題が必然的に生起するのである。

　さて、池田の主張に戻ろう。彼は言う：「ピュシスの中で生きる我々の生命とは、ピュシスが生命を包みつつ生命の中に包まれている限りにおいて、何処までもピュシスそれ自体でなければならないのでないのか」（341頁）と。確かにそうであるかも知れないが、しかし、そういう思想が語られた時、既にロゴスが生起してしまっている。ハイデッガーの「ヒュシスの本質と概念とについて　アリストテレス自然学 B, 1（„Von Wesen und Begriff der Φύσις")の中でヒュシスだけが論じられているのではなく、ロゴスも論じられている。また、ハイデッガーは『ヘラクレイトス』の中で徹底的にロゴスを論じているが、しかしヒュシスをも論じている。以上のことは私の言う間の相互依存になり、安藤昌益の「互性活真」とも言えよう。その概念は拙著『間の哲学』で既述したので詳述は避けるが、昌益もヘーゲル流の矛盾に当てはまる表現をしている。一つだけその例を挙げると「男の性は女、女の性は男である」がある。例えば、その「性」を「男女の基本的肉体構造は同一である」とすれば、上の主張文は通常の意味で真である（ハイデッガーは、その真を更に論じてはいる）。その様な主張文だけを挙げれば何らかの深い根源的思考をしている様に一般的には思われる。が、それ以上に突き進む思考はハイデッガーはしていないでいる。

　また、ハイデッガーは言う：„…z.B. die Blüte durch die Frucht, *weg*-gestellt.

＊　unterwegig は通常使われないが、ハイデッガーは形容詞として使いたかったのかも知れない。そして、その表現は彼が老子の「道」（Weg）に極めて強い関心を持っていた証拠の一つでもある。

Aber in diesem Wegstellen gibt die Gestellung in das Aussehen, die φύσις, sich nicht auf; im Gegenteil: als Frucht geht das Gewächs in seinen Samen zurück, der senem Wesen nach nichts anderes ist als Aufsehen, ὁδὸς φύσεως εἰς φύσιν". (S.295). 「例えば、開花は果実によって離して‐置かれる（weg-gestellt、weg は道と間‐係して来る）。しかし、その離して‐置くこと（Weg-stellen.）＊の中で、見える像の枠内へと入れること、即ちヒュシスは、自己を放棄するのではない。その反対である。果実として成長した果物は、その種子へと帰って行くのであり、種子はその本質から言って、見える像へと現れることに他ならない。即ちヒュシスのヒュシスへの道である」と（φύσεως は φύσις の属格、φύσιν は φύσις の対格）。何故ヒュシスのヒュシスへの道なのか。開花 → 果実 → 種子の運動があるからである。が、単なる移動ではない。そうではなくて、開花した時には既に果実へと向かっているのであり、果実している時には既に種子へと向かっているのである。ハイデッガーは、ここでも「道」という語を使っている。繰り返すが、彼は東洋思想、特に老子の思想に極めて強い関心を持っていたのである。

　「ヒュシスのヒュシスへの道」は単なる同語反復ではない。「どんな生きているものも、このものが生きていると共に既にまた死に始めていて、そして、その逆でもある。<u>生きているものだけが死ぬことができるから、死ぬことはなお生きていることでもある。それだけでなく、死ぬことが生きていることの最高の行為であり得ることもある</u>」（S.295f.）。下線の文は、例えば、かつての日本の特攻隊員に当てはまる。現在の日本社会から、その例を出せば、「親の死は子供の心の中に生きている」である。„Die $φύσις_1$ ist das $sich_2$-herstellende Wegstellen ihrer $selbst_3$, und deshalb gehört zu ihr ein einzigartiges $Sich_1$-zustellen". (S.296). 「ヒュシス$_1$はヒュシス自身$_2$を‐此方へ置きながら、ヒュシス$_3$自身を離して、彼方へ置くのであり、それ故、ヒュシス自身$_{2と3}$を提出す

＊　これは、道を立てる・造るとも解釈可能である。また漢字の道は「言う」でもあるので、ギリシア語にすれば $λόγος$ の不定法 $λέγειν$（しゃべること、集めること）に転‐間して、思考が広がり、深化し得る。

る唯一の事柄がヒュシス$_1$に帰属するのである」（数字は私が入れた）。上掲の文中、sich と ihrer selbst に注目してもらいたい。この様な表現はヘーゲルも使っているが、その前提にはいわゆる弁証法の矛盾がある。しかしハイデッガーは弁証法は根源的原初的思考にはならないとして、それを拒否する。そのためにでもあるが、私は前述の様に数字$_{1,2,3}$を入れたのである。そうすると、sich はもちろんヒュシスを指示するが、進展した、媒介を経たヒュシスである。また ihrer selbst はドイツ語としては、sich ではなく代名詞なので、sich より離れた位置にあると考えられる。従って ihrer selbst は媒介の媒介である。間に基づいて彼岸の位置にありながら、「自身」という位置にある限り、此岸の位置にある。その限りで、位値論理学（stellenwertige Logik）に依存し得る。

　池田は言う：「動と静との絶対矛盾の自己同一」と（340頁）。この表現もくどくなるが、観点の相異があるから言えるのであり、私の言葉で言えば、矛盾ではなく、背戻（Antipalon）である。また、福岡の『西田哲学を読む』の308頁の図面の中にゴシック体の c のような円環があり、その両端の内の一方を細胞膜上の「分解」とし、他方を「合成」にしているが、これも明らかに観点の相異である。即ち、図面の様に「同時に」（アリストテレスの矛盾律の中にある ἅμα）実在しているにしても、分解という語、意味の位置（Stelle）に合成があるのではない。

　さて、ハイデッガーによる『ヘラクレイトス』を論じる段階に来た。何故ならば、福岡は「ピュシスというのは、ピュシスとロゴスとの間を行き来しながら深めていくというのが、正しい把握の仕方ではないかと私は思っています」（282頁）と言うからであり、私も同感である。ハイデッガーは「論理学が考えるロゴスは形而上学的に考えられている。論理学はロゴスの形而上学である」（Heidegger, *Heraklit*, Vittorio Klostermann, S.254）と言う。この考えは、数学的に処理出来るとする記号論理学とは考える場が最初から異なっている。その「場」（die Gegend）をもハイデッガーは掘り下げて論述している。その語に関連したヘラクレイトスの断片108を先ず挙げて見よう。

ὁκόσων λόγους ἤκουσα, οὐδεὶς ἀφικνεῖται ἐς τοῦτο, ὥστε γινώσκειν ὅτι σοφόν ἐστι πάντων κεχωρισμένον. (*Heraklit*, S.330)「私は多くの言葉を聞いた。が、知識があらゆるものから分離したものであるという条件に達している人はいない」。ハイデッガーの訳：「私は（既に）多くの人のロゴイ（多くの言葉。λόγοι）*を聞いたが、すべての存在者と関連した本来知られるべきものは、そのロゴイから離れて、その知られるべきもの（独自の）場（Gegend）から出ていることを熟知している人は全くいないのである」(*Heraklit*, S.330)。独自の場から出て来るものは大文字の Λόγος であり、これは、すべてのものを保存し集結する根源的な働きのことであり (*Heraklit*, S.315)、また、ἓν πάντα（一者は一切）としてもある。ἓν は独立して有る時には ἕν であるが、これは数字の一（die Eins）ではなく、一者であり、存在者の者と同一になってしまうが、者は事柄、事物、場所、所を示している。

　Λόγος は結局聖書の中のロゴスであり、イエスであり、存在である。このことは、ハイデッガー哲学にはキリスト教の神が存在と共に生起するので、そこには依存生起、更には「表現形式上の差異」即ち「意義内容上の同一」がある。下の断片 78 も同じ彼独自の表現になっている。ἦθος γὰρ ἀνθρώπειον μὲν οὐκ ἔχει γνώμας, θεῖον δὲ ἔχει (*Heraklit*, S.349)「人間の掟は知恵を（γνώμας, これは γνώμη の複数、対格）持たないが、しかし神の掟は知恵を持つ」。この訳に対して、ハイデッガーの訳は全く異なっている。即ち「滞在、即ち（存在者全体の真っただ中にいる）人間の滞在はなるほどグノーマイ（γνώμαι）**を持たないが、神の滞在はグノーマイを持つのである」(*Heraklit*, S.349)。そして、「その方策は、（存在者を）見えるようにしながら、その道を造りながら（wegbereitend）存在者そのものに出合わせることなのである。この根源的な方策の中で、存在者はあらかじめ集められ、保留されているのである」(Heraklit, S.351)。weg は大文字にすれば道を意味している。何回も既述した様にハイデッガーは老子に強い関心を持っていた。そのため、ここで老子（『道徳経』）に触れて

---

*　λόγοι は λόγος の複数、主格、「多くの言葉は」であるが、前掲の λόγους は「多くの言葉を」である。

**　γνώμαι は、γνώμη の複数、主格であるが、厳密には γνῶμαι であり、普通は意見、認識、見解、等であるけれども、ハイデッガーは結局、ゲルマン語の Rat（方策）にしている。

おく必要があろう。

　老子の優れた研究者、福永光司は第一章で道とロゴスについて述べている。福永は、先ず新約聖書、ヨハネ福音書の言葉として「太初に言葉は神と共にあり、言葉は神なりき」（『老子』新訂　中国古典選第6巻、朝日新聞社、7頁）を挙げるが、この表現は正しくない。正確に言うと、Ἐν ἀρχῇ ἦν ὁ λόγος, καὶ ὁ λόγος ἦν πρὸς τὸν θεόν, καὶ θεὸς ἦν ὁ λόγος. οὗτος ἦν ἐν ἀρχῇ πρὸς τὸν θεόν. πάντα δί αὐτοῦ ἐγένετο, καὶ χωρὶς αὐτοῦ ἐγένετο οὐδὲ ἕν. ὃ γέγονεν ἐν αὐτῷ ζωὴ ἦν, καὶ ἡ ζωὴ ἦν τὸ φῶς τῶν ἀνθρώπων·καὶ τὸ φῶς ἐν τῇ σκοτίᾳ φαίνει, ……（ヨハネ福音書　1・1～1・5）「始めに言葉があった、そして、言葉は神と共にあった。そして、言葉は神であった。その方（言葉）は始めに神と共にあった。すべての物は彼を通して出来た。そして、彼無しには何一つ出来なかった。出来たところのものは彼の中に生命を持っていた。そして、その生命は人々の光であった。そして光は暗黒に輝いている」。塚本虎二訳：「世の始めに、既に言葉はおられた。言葉は神と共におられた。言葉は神であった。この方は世の始めに神と共におられた。一切のものはこの方によって出来た。出来たものでこの方によらず出来たものは、ただ一つない。この方は命を持ち、この命が人の光であった。この光はいつも暗闇の中に輝いている」（新訳聖書『福音書』岩波文庫、275頁）。

　「始めに言葉があった」と訳されているが、「始めに」は ἀρχή のドイツ語訳は Anfang（始め），Ursache（原因），Grund（根拠），Regierung（支配）であるが、根源と訳すことも出来る。従って「万物の根源に言葉がある」となり得る。これに対して『老子』第一章では「道可道非常道。名可名非常名。無名天地之始。有名万物之母。故常無欲以観其妙。常有欲以観其徼。此両者。同出而異名。同謂之玄。玄之玄。衆妙之門」（道の道とすべきは常の道に非ず。名の名とすべきは常の名に非ず。名無し、天地の始めには、名あり、万物の母には。故に常に無欲にして以って其の妙を観、常に有欲にして以ってその徼［皦］を観る。此の両者は、同じく出でて名を異に、同じく之を玄と謂う。玄の又た玄、衆妙の門）。以下、福永の解釈：「これが道だとし得る様な道は恒常不変の道、即ち絶対的な

根源の真理ではなく、絶対的な根源の真理とは、いわゆる „道とせざるの道"
——人間の言知では捉えようがなく、あらゆる定義がそこでは空しく跳ね返さ
れてしまう不可思議なエトヴァス（etwas、ドイツ語は私が入れた）、これを知れ
りとするところに最早絶対の真理ではなくなり、これを知らずとするところに
却って絶対の真理として現れて来る様な逆説的な存在である。同様にして、こ
れが真理の言葉とし得るような言葉は恒常不変な真理では無く、恒常不変な真
理の言葉とは、言葉無き言葉、いわゆる „言わざるの弁" であり、「言を去てた
至言」である」（『老子』2頁）。妙とは妙であり、「道の深遠幽微な実相がある
がままに眺められるのであり、形あるものの根源にある形無きもの、名を持つ
ものの根源にある名無きもの、要するに人間を含む一切万物がそこから生ま
れ、そこにまた帰って行く究極実在」（同4頁）であるが、その反対に、人間
が形あるものに執着し名の世界に捉われる欲望というものを常に持ち続ける限
り、彼の目に映るものは「徼」（これは皦の借字、皦）であり、これは明白な
形象を持ち形而下の世界、換言すれば眼前の現象面であり、これのあからさま
な差別と対立の相だけである（同4・5頁）。「玄の又た玄、衆妙の門」とは、
実在世界の眇き在り方、即ち「妙」も、現象世界の顕な在り方、即ち「皦」
も、その在り方が何故そうなのか、人間の言知では理由づけることの出来ない
不可思議なもの——これが玄である。しかし、その不可思議さは玄と呼んでも
なお不十分であり、玄なるが上にもまた玄なるもの、要するに人間のいかなる
言葉をもってしても形容し尽くすことの出来ないものである。そして、この玄
なるが上にも玄なる境地——「玄の又た玄」なる人間の思慮認識を絶した境地
から、「衆妙」即ち造化の妙用に成る様々の現象——一切万物が、そこを門と
して出て来るのである（同6頁）。

　福永は、上の老子の表現をヨハネ福音書の思考と比較して、後者を批判して
いる。かなり長い文であるが、重要な箇所なので、それを取り上げておこう：
「『老子』においては言葉は無く、言葉は神でも、神と共にあるのでも無かっ
た。『老子』においては太初に「道₁」（道に私が数字を入れたが、それは文字と
して示さざるを得ないだけの道のこと）があり、（それが進展した）「道₂」（これは意

味を持つ道のこと）は言葉もなく、名も無く、あらゆる秩序と明晰なるものを拒んで暗く幽かに静まり返る非合理な混沌であった。……はじめに言葉ありとするバイブルの思想と、はじめに言葉を否定する老子の思想、我々はこの両者の対比の中に、老子の哲学の根本的な特徴の一つを端的に理解することが出来るであろう。老子の哲学は明晰なロゴスを追究する哲学ではない。それはロゴスを超えたもの、カオスを問題とする哲学であり、ヨーロッパ的な理性（合理）の哲学の対極に立つ哲学である。バイブルの教説に深く培われたヨーロパ的な思考が、闇よりも光を、形なきものよりも形あるものを、無よりも有を重んじるのに対して、これは光よりも闇を、形あるものよりも形なきものを、有よりも無を根源的なものとして凝視する」（同8頁）。このような福永の主張は通常は間違いなく正確であると言える。老子の文はすべていわゆる逆説論法で出来ている。例えば、「言葉無き言葉」、「道ではない道」でありながら、徹底的に、言葉で語り、道を語っている。この様な表現は「言葉$_1$無き言葉$_2$」として、「言葉$_1$」を日常使っている言葉とし、これを超えた「道」を体得した聖人の言葉を言葉$_2$とすれば、分かり易い。だが、聖人は「處無為之事。行不言之教」（『老子』第二章）（無為の事に処り、不言の教えを行う）（15頁）である。それ故、無為聖人とも言う。だが、聖人が「道」を体得した限りでは、為している、つまり獲得している。従って、無為ではないと言える。そうでは無いとしたならば、どういう意義（Sinn）で言っているのか。その答えは無い。表現形式上矛盾した二つの相反する語を述べただけで、それ以上に論を深く進めていないのが、老子哲学の特徴である。しかしながら、このことに対立している考えも、その哲学の中にある。例えば道とは「視之不見。名曰夷。聴之不聞。名曰希。搏之不得。名曰微。此三者。不可致詰。故混而為一」（同第十四章、74頁）（之を視れども見えず。名付けて夷と言う。之を聴けども聞こえず。名付けて希と言う。之を搏てども得ず。名付けて微と言う。この三者は致詰すべからず。故に混じて一となす）であり、夷は無色、希は無声、搏（打つ）は無形を意味（Bedeutung）しているが、三つの単語を挙げて、それらが一つであると言っているだけであり、それらを更に深く論述しているわけではない。また同章には「無状の状、

無物の象」という表現もある。状は形を意味しているので「無形の形」であり、「無物の象」は「無象の象」と同じであるから、人間の感覚知覚を超えた形象（同77頁）であり、弁証法的矛盾を思わせるような表現になっている。こういう矛盾を私は既に何回となく述べたように認めない。

　道の本質的在り方は自然である。第二十五章では「天地に先立って生じた」道を、「寂（セキ）たり廖（リョウ）たり、独立して改めぬ根源的な実在の世界とする」（同153頁）と語られる。その道は全く静かで、音一つしない、ひっそりとした世界なのである。福永の解釈：「ヨーロッパ人の生き方はすべてキリスト教の神にその根源を持つのに対して、中国人の生き方はすべて天の道にその根源を持つ」（同53頁）。第四十七章には、聖人は「不行而知。不見而名。不為而成」（行かずして知り、見ずして名づけ、為さずして成す）という文がある。無為の聖人は「出歩かなくても本当のことが分かり、目で見なくても名前が付けられ、作為を弄しなくても成果があがる」（同264頁）ことを示している。その「出歩かなくても」は凡人のように出歩かないことであるが、聖人自身が全く出歩かなくても、本当のことが分かるとしたならば、人ではなく全知全能の神になってしまう。ここに逆説的思考が強く出ているが、ただそう言うだけであり、その意義を明確に論究していないので、意義不明であり、極めて神秘的であり、空想的であると言われることにもなるのではないか。無為の聖人だから空想はないということであるならば、論理的に筋の通った意義を示す必要がある。このことが無い限り、単に言葉だけで表現した形だけのものになってしまう。

　第十七章の中に無為の聖人に対して「百姓皆謂我自然」（人民たちは皆、この私をあるがままだと考える）という表現がある。その自然は「天地がただあるがままに存在し、ものを言うことも喚きたてることもないが、春になれば草木が芽吹き、夏になれば枝葉が生い繁り、秋になれば豊かに実を結ぶ。老子は万物のこのような生成化育の相（スガタ）を天地造化の営みとして把握し、その営みを自（オ）ずからしかるもの、即ち自然として理解するのである」（同103頁）と福永は言う。「営み」と言う限り、働き・運動がある。福岡の「動的平衡」の「動的」を「自ずからしかるもの」と解釈出来ないこともない。ただし、これは聖人との

間-連ではない。春になればその時既に夏が来つつあり、しかも春が来れば、その時既にそこから離れつつあるのである。そこで、春という静態にありながら動態があり、また逆に動態にありながら静態があると言える。このことを

$$春_1 \rightarrow 春_2 \wedge 春_2 \rightarrow 春_1\cdots\cdots①$$

で表せる。∧（そして）はそして同時にと言う意味も入り得る。ただし、それは「観点の相異」を前提とするから、厳密に表現すれば$\wedge_z$（z：同時に）である。

　①の表現は数字が無い限り同一であり、数字がある限り差異である。

　空間内の一定の場所に時間が来れば、例えば埼玉県川越市に春が来て、一定期間、続くと通常は言う。その限りで、春の滞在期間があり、間と四季との依存生起がある。ところで、神の滞在はグノーマイ、即ち方策を持つというハイデッガーの考えを私は既に述べた。彼は老子の道に強い関心を持ちながらも神を持ち出している。ロゴスもイエスと一体となっている。その限りでロゴスは尊敬の対象であるが、これに対して、「「言わざる言」は自然であり、無為、即ち、事象の有るがままの相を有るがままの相として虚心に眺めて行くならば、愚かに見えるものが本当に愚かであるとは限らず、むしろ本当の賢者程却って愚者に見える」と第四十五章で福永は言う（同256頁）。ここでも逆説論法が使われている。何も言わないで、ただあるがままにあるならば、愚者に思われるかも知れない。自ずからしかるものとは、本来そうである物事であり、例えば、春が来れば、樹木は一斉に芽吹くことであり、このことが無為自然であるが、しかし、何らかの力を持った一定の方策が生起していると言えよう。例えば、ヒッグス粒子は人間が発見したものであるが、それは、宇宙が誕生して間もない頃、他の粒子に質料を与えたとされる。その粒子の発見は普通の人間では発見不可能であり、一定集団の特定の人間により発見されたものであるから、それに対して普通の人間は無為$_1$であるが、その特定の人間は自然においては有為であり、これが自然においては無為$_2$となってしまっている。私見では、そこに他者への反照が生起している。このことから言えることの一つとして自然がある。何故か。イギリスの理論物理学者ヒッグス（Peter Ware Higgs）

は、宇宙空間すべてが「ヒッグス場」というもので満たされていて、その「場」の影響を受けることで、素粒子は質量（重さ）を持つようになったという理論を提出した。このことは彼の天命だ、即ち彼の身に備わった変えようもない運命によるものだと解釈出来ないこともない。これが彼の自然なのである。こんなことを言っても理論物理学にとって何のプラスにもならないという批判は出るだろうが、人間はそういうものだと考えることを否定することもできない。ここに間の問題が現れてしまうが、それは理論物理学の型枠内では隠れてしまっている。

　方策から老子へと間（場）を転じたが、『ヘラクレイトス』へと戻って述べたいことがある。それは、その書の中の重要な断片として50があるからである。

　断片50：οὐκ ἐμοῦ, ἀλλὰ τοῦ λόγου ἀκούσαντας ὁμολογεῖν σοφόν ἐστιν ἓν πάντα εἶναι ｛君たちは私の語る言葉を聞くのではなく、その意義（Sinn）を聞き取っているならば、それを、即ち「一者（一という数字にとれるが）は万物である」と語るのが賢い。｝　この文に対するハイデッガーの訳：「君たちが単に私に耳を傾けただけでなく、君たちが従順に根源的な集合に注目していたならば、その時、その集合に集中して、しかも〈一者は一切である〉ということに集中していることに存する知がある」（Heraklit, S.308）。ハイデッガーの〈一者は一切である〉について記述する前に、その命題に類似したものが華厳教、明確には華厳五教章で述べられているということだけを取り敢えず述べておく。

　彼は上述の断片50内のλόγος ｛ただし拙訳では意義（sinn）とした｝を既述したが大文字Λόγοςにして解釈する。このことはもちろんキリスト教に関連している。そしてその断片の終わりにあるἓν πάντα εἶναιが重要なのである。彼は一者と一切について色々な本質的な問いを数多く出している。その後で、ヘラクレイトスにおいては一者は数字の一、同一性の一者、まとめているという一者、唯一の状態という一者、これらから切り離され得ないとハイデッガーは言っている。このことは正に多間連構造の論理になり得るのであり、ギュンター風に言えばPolykontextualität（多関連性）の論理の問題になり得る。これ

は後でギュンターの技術哲学の問題として詳論したい。

　他方、「一切」についての本質的問いの数は、「一者」についての問いの数と比較すると極めて少ない。「一切」は統一、全体状態、総和であると考えることを批判している程度であり、そういう考えでは根源的、本質的ではないとハイデッガーは考えている。この人の関心は ἓν πάντα εἶναι（一者は一切である）の中の εἶναι（である）にある。このことは正に転間である。何故ならば「一者」と「一切」との間から、これらと「である」という別の間へと転じてしまったからである。こうして彼の叙述は次の通りになる：「ἓν（一者）と πάντα（一切）とは λόγος（ロゴス）自身から理解されることによって名付けられたのであり、このことが ἓν πάντα εἶναι（ヘン　パンタ　エイナイ）、即ち「一者は一切である」となる。存在において、また、存在としてある限り、一者は存在する一切を一つにしてしまう」。存在者全体としての πάντα と存在者の根本的特質としての ἕν（独立して使う場合は ἓν ではない）とは存在内で活動し、生動している。しかもハイデッガーによると、ヘラクレイトスの考え方と元々のギリシア的な考え方とに従って論述しなければならないのである。ハイデッガーの考えは ἕν と πάντα だけに注目すれば二値論理になるが、しかし λόγος を入れると、また、入れざるを得ないので三値論理になる。一般的に言えば、二値論理は多値論理の中の特殊な場合であり、ハイデッガーが ἓν πάντα εἶναι を述べる箇所では明らかに三値論理になっている。何故ならば、例えば、彼によって、「ἓν πάντα εἶναι は λόγος の言うことを注意深く聞きながら、その λόγος から知ってしまっているのである。ロゴス（λόγος）自身は、一者（ἕν）、一切（πάντα）、有る（εἶναι）それぞれをロゴス自身内で、しかも、そのそれぞれすべてを、すべての関係内で、生き生きと働かせているに違いない」（*Heraklit,* S.265）と述べられるからでもある。更に、λόγος は大文字の Λόγος になっている。従って、キリスト教に係わってしまっているが、ハイデッガーは根源的なロゴスと言っている。λόγος はこれの動詞、不定法 λέγειν に由来し、これはドイツ語にすると lesen（読む、採取する）であり、ハイデッガーは後者を取り、これに繋がる sammeln（寄せ集める）を使い、しかも、それに aufbewahren

（保存する、貯蔵する）という意味をも加えるのである。λέγειν と λόγος とは aussagen（申し立てる），sagen（一定の目的語の内容を話す），Rede（よく考えられた、やや重みの有る内容を語る演説、発現），Wort（語、単語），Wortsinn（語義），これ等の意義（Sinn）はロゴスの根源的本質を表していない。lesen の根源的意味はハイデッガーにとっては「寄せ集める」であり、ver-sammeln（集合させる）であり、更に aufbewahren（保存する、貯蔵する）であり、こうしてロゴスは、まとめる働きをし、保管しているところの一者であり、更に大文字の Λόγος 即ち存在である。以上の彼の解釈は彼独自の意義であると言えよう。

第**7**章

ハイデッガーと『華厳五教章』内の「十玄門」

　『華厳経』の「初発心菩薩功徳品」の中にある「一即一切」についての私見は既に拙著『間の哲学』で述べた。今回は主に「十玄門」について論じてみたい。何故なら、そこで「一即一切」が語られているからである。「一」は「一者」でもある。何故ならば「者」は事柄、事物、場所、所であるとしたからである。従って、それはハイデッガーの Gegend（場）との間–係も考えられる。

　さて、竹村牧男の『華厳五教章を読む』と湯次了栄の『華厳五教章経典解説』と鎌田茂雄の『華厳五教章　佛典講座 28』を参考にして述べてみたい。そして「十玄縁起」に関連付けて私の考えを述べてみよう。

　一切の法門が同時に備わっている一縁起となると説かれる。先ず私は縁起を間に基づく相互依存とする。そして日本語を使う私がハイデッガーとの関連を考えるので、一切の存在者は同時に何処にでも備わっていて、相互依存していると一応考えられるが、しかし一切の存在者は「同時に備わって」いるのでなく、「存在している」（es gibt）のである。従って、Es gibt das Seiendes.（存在者<u>が</u>存在する）は、隠れている根源的 Λόγος としての存在が存在者を与えるのであり、しかも日本語の助詞「が」は、主語と動詞の間にある媒介詞である。これは、その限りで、両者に働きかける力を持っている。即ち、それが強調された文章になっているのである。

　①「同時具足相応門」（門：見方、有り方、方法）

　ここで竹村は言う：「過去は未来に関係し、同時に未来は過去に関係し、南は北に関係し北は南に関係しているのです。この双方向性は、二つのものの間だけではなく多数の物の間に成立していることですから、むしろ多方向性と言うべきなのかもしれません。その結節点にあるのが、自己なのです」と。以上

の文が間違っているわけではないが、何故そうなるのかの論理的説明が不十分である。原文：「無有前後始終等別。具足一切自在逆順参而不雑成縁起際」（前後・始終等の別有ること無し。一切を具足し、自在にして逆順を参えて而も雑せずして、縁起の際を成ず）。私見：私（Ich）が今生きていることを基盤にすると、必ず体験した過去の歴史を持っていて、そして今から先の未来をも必ず持っている。その未来が問題になると自分の過去を参考にして考えるのであり、こうして過去と未来は相互関係、相互依存としてあるのである。東西南北も私を基準にして表現することである。その「私」は、竹村では自己となっているが、ドイツ語にすると Ich, Selbst, Sich である。西田の主張する絶対矛盾的自己同一は Ich でなく、むしろ Selbst または Sich である。例えば西田は「客観的表現の世界とは、多がどこまでも多であることが一であり、一がどこまでも一であることが多である世界でなければならない」（『西田幾多郎　哲学論集Ⅲ』上田閑照編、岩波文庫、31頁）と主張するが、この文章も西田にとっては絶対矛盾の自己同一であり、この自己は Ich ではなく、sich であり、mit sich identisch 若しくは mit sich selbst identisch である。mit mir identisch（私と同一）では間-違いである。西田の前文は私見では次の通りである：「多$_1$がどこまでも多$_2$であることが一であり、一$_1$がどこまでも一$_2$であることが多である」となり、多$_1$ は対象言語であり、多$_2$ はメタ言語であり、多という言語が独立して一つある限りではメタ言語一があり、そして、一$_1$ が対象言語であり、一$_2$ がメタ言語である場合、日本語の一、英語の one、ドイツ語の Eins、フランス語の un がただ並べられてあるだけだとすれば、それは多である。東西南北は確かに「私」が基準になっていて、その「私」は個人を指示するが、しかし、どんな個人をも指示出来る。例えば速川治郎でもあり、ハイデッガーでもある。日本にいる速川治郎としての私から見れば中国は西であるが、ドイツにいたハイデッガーとしての「私」から見れば中国は東である。

②一多相容不同門

　一と多が互いに相手の内に入り込むと考える。この文は間に基づく相互浸透（Inter-penetration）であり、この概念はヘーゲルも確か『精神現象学』の中で

使っていたと思う。

③諸法相即自在門

　多と一とが互いに同化し合うと説く。ハイデッガーにとって、「Λόγος 自身は一切をまとめる働きをする一者である。……人間にとっては、これを本来知る必要がある」(Heidegger, *Heraklit*, Vittorio Klostermann, S.286. 以下頁数のみ)。

　ヘラクレイトスの断片 50 は既に述べたが、ここでハイデッガーによるその断片に基づく考えの一つを述べよう。

　「ヘラクレイトスは、存在は Λόγος であると言う。しかも、こう言うのは、彼が同時に Λόγος は何であるかを語りながらである。即ち、Λόγος は Ἕν（一者）であり、しかも、一者として同時にまた πάντα（一切）である。Λόγος は存在者としての一切を隠している。その Λόγος はそうしながら存在者をただ存在者たらしめるようにしている。その隠していることは根源的に集合させることなのである。このことは隠していることの止揚である。その隠していることは、一切を現すこと（Entbergung）と隠すこと（Verbergung）の二者択一の中へと隠していることなのである」(S.379)。「隠していながら寄せ集めることとしての λέγειν は、単に沈黙しながら行われるだけではなく、λέγειν だけが沈黙による寄せ集めであるが、沈黙は λέγειν 自身に依存しているのであって、寄せ集めは λέγειν 自身の中に寄せ集められているのである。λέγειν は根源的な沈黙である……根源的な寄せ集めとしての λέγειν が存在を隠しながら全く語らないということは、より一層根源的には Λόγος（大文字のロゴス）に妥当する。Λόγος は根源的に隠しながら黙秘することである。黙秘としてある限り、返答する場合の言葉のどの言い回しにとっても、黙秘は言葉以前のもの（Vor-wort）である。言葉以前のものは、言葉の動き（Wesen）よりも前にあらかじめ働いている沈黙という静けさであり、言葉が有るべきであるならば、常にその静けさは打ち破られなければならない。Λόγος は言葉ではない。それは言葉よりも根源的であり、一切の言葉より以前のものである。人間の本質に対する Λόγος の要求は、人間に存在を沈黙していて送り届ける（zu-schweigt）のである。……場（Gegend）は、自身を人間の本質に沈黙していて送り届けることに

よって、初めて場本来の静けさに戻るのであり、この戻ることとして有る限り、開けたままである始めへと帰って行くのである」(S.383)。ハイデッガーの言う場とは、簡単に言えば Λόγος であり、これの動詞、不定法の λέγειν が重要な役割を持っている。それの意味が寄せ集めること (Sammelung)、集合させること (Versammelung) であることは謂わば転間、即ち、Λόγος と λέγειν との間₁から、λέγειν と寄せ集めること、集合させることとの間₂へ、これらと Λόγος との間₃へと転じることであり、間₁ 間₂ 間₃ は間である限り、それらは一つであり、数字が付いてある限り、三つ（いわば多）である。従って「一者即多である」。その限りでは、何処までも「一者即多である」から、「多即一者である」にはならない。しかし観点を変えれば、即ち数字に注目して表せば「多即一者」である。数字の付かない間は直接的 (unmittelbar) であり、数字の付いた間は媒介的 (mittelbar) である。

　竹村は「諸法相即自在門」の重要と思われる文を挙げて論じている。即ち「三者諸法相即自在門。此諸義一即一切一切即一。円融自在無礙成耳」(三つには諸法相即自在門。此の上の諸義、一即一切・一切即一、円融自在、無礙 (ムゲ) に成ず)。……「由此 (是) 縁起妙理始終皆斎。得始即得終。窮終方原始。如上同時具足故得然也」(此の縁起の妙理、始終皆斉 (ミナヒト) しきに由りて、始めを得れば即ち終わりを得る、終わりを窮 (キワ) むれば方 (マサ) に始めを原 (キワ) む。上の同時具足の如くなるが故に、然 (シカ) ることを得るなり)。竹村解説：「華厳の説く縁起のすばらしい道理においては、始めの中に終わりを見、終わりの中に始めを見るのです。第一の「同時具足相応門」においても、すべてが同時に成立していると述べた通りです。第三の「諸法相即自在門」は、一と他の一切とが体において相互に即している（空・有の関係の中で一体化している）ことを説く法門です。正に松は竹であり、竹は松であるという世界のことです。もちろん、同時に、松は松であり、竹は竹なのですが」(『華厳五教章を読む』203・204頁、以下頁数のみ)。私見：縁起は相互依存であり、一と多とはいわゆる反対概念であり、相互依存であり、これによって両者の意味が明確になるのである。一と多とは分離、孤立してあるのではなく、一が明確に分かるためには多が必要であり、またその逆でもある。すべて

のものは実体が無く空であり、空のサンスクリット語は śūnya であり、欠如という意味であることは一般に知られた事柄である。その空は竜樹の『中論』では相互依存であり、その基盤の概念として間（das Inter）があり、これの重要な概念として互性があると私は考える。『華厳五教章』に出て来る「相即相入」は、その基盤に間が根源的前提としてありながら隠れてあると言えば、正にハイデッガーによる既述した Λόγος（根源的ロゴス）に関連して来る。「相即」とは一般には対立するように見える二つの事物が実は一体不離であることであるが、華厳の相即は、体（本体、実体）の観点から離れて、すべての現象が密接不離であることなのである。「相即」とは例えば「自己」は「他」の意味があることによって確立するのであり、またその逆でもある。従って相即は間に基づく互性を有しているのである。

　ところで「諸法相即自在門」の中で「同時」という語が八回連続して述べられている。上述の「松は竹であり、竹は松であり、同時に松は松であり、竹は竹である」…(a) の意義（Sinn）の明確な解釈がない。特に何故「同時に」という概念を強調しているのか、その説明がない。アリストテレスの矛盾律を再度挙げて見よう：「現実において一つの事実が同一時間に、同一の関係において、同一の性質を持ち、持たぬことは出来ない」。この矛盾律に基づいて、上の主張文 (a) を述べると、「松は竹であり、竹は松である」と一定の人（A）が主張した時（例えば 10 時）、その同じ時間、即ち 10 時に、(A) 対 (a) という同一の関係において、同一の性質、即ち「松は松であり、竹は竹である」という同一の性質を持ち、持たぬことは出来ない」である。ただし「松は竹であり、竹は松である」という主張文も常識はずれのものであるので、その文が「一つの事実」であるとは通常言えない。従って常識的に言える主張文は「松は松であり、竹は竹であるが、同時に松は竹であり、竹は松である」となるが、この文でも通常排除すべき矛盾である。その文が真であるためには背戻（Antipalon）でなければならない。例えばめでたいものとして松竹梅がある。これらは、めでたいものとして、斉しくあらかじめ相互依存して存在しているという根源的な性質を有していることになる。その限りで、例えば松は竹であ

り、竹は松なのである。そうであるならば、松は同時に竹であろうか。このままでは理解不可能である。理解出来る人がいるとするならば、また根源的な解釈から言えば、その人は間-係に基づいた普遍的な意味である相互依存の存在を知っている人でなければならない。それは如何にあるのか。ハイデッガーによると「λόγος（ロゴス、言葉）は、ἀλήθεια（非隠蔽性、真理）として φύσις ｛これをギリシアの思考者達は ψυχή（魂）, ζωή（生命）と名付けていたので、それは「生きている者」、「人間」となる（S.281)｝として有る限り、ἕν（それらを根源的に統合する唯一のもの・一者）である」（S.371）。ハイデッガーは普通の人間が使う λόγος と根源的なキリスト教に係わる Λόγος とを区別しているが、人間に係る限り、また係わらざるを得ない限り、両者は同一である。厳密に言えば、それは背戻としての区別即同一であり、両者間における互性転換でもある。「人間となる」が故に、それは間として相互依存を有するのである。物理学の「原子周期表」も相互依存の性質を持っている。何故ならば、周期表は諸元素の似た性質同士を原子番号順に並べたものであり、元素はそれぞれ定位置に有り、そこから離れられない限りで、相依存在だからである。また素粒子の間には色々な力、例えば相互作用が働き、これ等の力は4種類ある、即ち強い力（strong interaction）、弱い力（weak interaction）、電磁気力（electromagnetic interaction）、重力（gravity）があり、重力には inter がないが、4種類共、内容上から言えば相互作用がある。

④因陀羅微細境界門

　因陀羅とはサンスクリット語の indra（インドラ・帝釈天）であるが、湯次の挙げた原文では「因陀羅網（＝微細）境界門」となっていて、「因陀羅微細境界門」では、インドラの宮殿を飾るために掛かっている網のことが譬喩として述べられている。即ち、その網のすべての結び目に宝珠があり、そのすべての宝珠が相互に反照し合うことによって無限の関係が生起する。私見では、その基盤に間が有る。その網の比喩は私の主張する「温間創新」（間を尋ねて新しい物事を創る）の一例である。ここで「新しい物事」というものは、ヘーゲルの『大論理学』とギュンターの『論理学』とハイデッガーの『論理学　ロゴスに

関するヘラクレイトスの学説』、これらの間（従って、これは、ここでは zwischen でなく、unter であり、多値論理の考えに係わる）の相互反照論理である。そして、これは私が問題にしている一般科学理論・学術論（allgemeine Wissenschfts-theorie）の分野に入る。既述したことだが日本では科学と言うと自然科学を意味する場合が多いけれども、ドイツでは Wissenschaft は人文科学（例えばディルタイの哲学、N. ハルトマンの哲学）をも意味する。特に allgemeine Wissenschaftstheorie は既述したように「学術論」である。それ故、現在問題になっている自然科学と人文科学との一定の相入が新たに考えられ得る。このことは因陀羅網の考えに入って来る可能性を持っている。「因陀羅微細境界門」の中の文「挙一爲首餘亦（則）爲伴」（一を挙げて主と為せば余は亦た伴と為る）に注目する必要がある。例えば科学哲学を研究する場合、大まかに言って、一定の科学を中心にして哲学を考えるか、一定の哲学、例えばヘーゲル『大論理学』、若しくはエンゲルスの『自然の弁証法』を中心にして考えることにか、或いは科学哲学に関して科学と哲学との間の一定の相互依存を関心の中心に置いて考えることに間-係して来るのである。

⑤微細相容安立門

「五者微細相容安立門。此上諸義。於一念中具足始終同時（別時）前後逆順等一切法門。於一念中炳然同時斉頭顕現。無不明了。猶如束箭斉頭顯現耳」

五には微細相容門。此の上の諸義、一念の中に於いて、始終、同時、（別時）、前後、逆順等の一切の法門を具足して、一念の中に於いて、炳然として同時に頭を斉しくして顕現す、明了ならざること無し。猶お束箭の頭を斉しうして顕現するが如し。

この文の竹村による解釈では、一念は微細を表し、一であり、「この一の中に一切が入っていて、しかも明瞭に現れている。このことは、弓矢の矢を束ねて端を平面にそろえ、その面を見れば、すべての矢の端がそろって明らかに見えるのと同じである」（220頁）。彼は「別時」を原典の中に入れていない。「同時」があるから「別時」もあると考えたので、後者を略したのかも知れない。そして彼は「同時」を空間とし、「始終」を時間、「前後」を順序、これの「逆順」を自由自在と解釈した。「相容」は相互に入り合うのではなく、一に一切

を入れる方向のみを語るものになっている。ハイデッガーは「一即一切である」を語るので、「一切を入れる」のと異なっている。ハイデッガーの「一」は存在であるから、微細なものとしての「一」ではない。ところで『華厳五教章』では十という数字は無限を意味しているようであるが、現在では十は10で表し得る。いわゆる0という空ないし無がある。それにもかかわらず奇数、偶数に0を限りなく付ければ無限へと近づいていくが、それには達しない。そのためには量から質への転換、転間が必要である。このことを「十玄の法門」の中で自覚して論究しているであろうか。自覚しなくてもよいとしても、何故か。そのために正に自我内にロゴスが必要になる。

　さて、「相容」は相互に入れ合うのではなく、一に一切を入れる方向のみを語るものであると言われる。湯次によると、「相容」の相は互相の意でなく、かの名月来たって相照すという語において、ただ名月のみが我を照らすようなものである。しかし、このことは『反照論理学』の反照に関連する。何故ならば反照は「或る物事の影響が具体的な形となって他に現われることである」（拙著『反照論理学』8頁）からである。「一に一切を入れる方向（能動）のみ」であるにしても、「一切が一に入れられる方向（受動）」の中味が無いとは言えないのではないか。その限りで相互依存が生起しないとは言えない。

　「微細相容安立門」において竹村は言う：「一の中に一切が入っていてしかも明瞭に現れているのだ。このことの譬喩として、弓矢の矢を束ねて端を平面にそろえ、その面を見ると、すべての端がそろって明らかに見えるということが挙げられる。また〈相容〉は一に一切を入れる方向のみを語っている」（220頁）。〈一の中に一切が入っている〉と同じ意義（Sinn）として他の経典の句、例えば「一塵の内に於いて、微細の国土あり。一切の塵等、悉く中に於いて住す」」（221頁）であると。この解釈が間違っているわけではないが、全く問題ないというわけでもない。何故か。具体例を出すと必ず別の問題が出て来るからである。一は微細であるから量の問題である。現在の物理学の場でそれを考えることが出来る。だが過去の考えは過去の資料から検討すべきだという批判が必ず出て来る。しかし、このこと自体を現在の場で論じているのであるから、過去

の考えを尊重しながら、その考えを明確にし、批判検討することも必要である。

　物理学において「宇宙の大きさは約 10^{27} cm であり、（しかし、約 10 の 37 乗光年とか、約 780 億光年という説があり、正確にはわからない）すべての物質を形作る素粒子の大きさは 10^{-24} cm 以下であり ｜しかし、大きさを持たない点粒子（point particle）もある｜、両者の間は約 50 桁も離れた巨視的世界と微視的世界とが宇宙の研究を持ち、通じてより深く理解されつつある」（東京大学、大学院理学系研究科、物理学専攻の須藤靖による日本大学文理学部における 2006 年の講義）と言われているが、そこにも依存間-係がある。そして微視的世界における素粒子の大きさから見れば一が如何に大きいかが分かる。しかも、その場においても 0 が如何に重要な意義（Sinn）を持っているかが分かる。微細の国土は微視的世界である素粒子の中に一切の塵と言える素粒子が入っていると言える。また、10^{27} cm である宇宙を一とすれば、その中に宇宙内のものすべてが入ってしまう。ここで重要なことは観点の相異である。

　以上のことと関連して読者にとって分かり易くすると思われるので既述した断片 108 を再度提出したい。

　ὁκόσων λόγους ἤκουσα, οὐδεὶς ἀφικνεῖται ἐς τοῦτο, ὥστε γινώσκειν ὅτι σοφόν ἐστι πάντων κεχωρισμένον ｜ハイデッガー訳：私は（既に）多くの人のロゴイ（ロゴスの複数形）を聞いたが、すべての存在者と関連した本来知られるべきものは、そのロゴイから離れて、その知られるべき（独自の）場（Gegend）から出ていることを熟知している人は全くいないのである｜。ハイデッガーから見れば、「一の中に一切が入っている」もロゴスであり、熟知しているかどうかは別にして、その主張文がすべての存在者と関連した本来知られるべき独自の場から出ているかどうかである。竹村の観点とハイデッガーの観点との違いがあるのは当然であるが、その間から新しい考えが出て来るかどうかが重要な根本的な問題であろう。「知られるべき（独自の）場」として華厳五教章中の「十玄門」におけるいわば矛盾の真を、「背戻の論理学」（Logik des Antipalons　背戻というロゴスの学）として考えることが私の主張の一つである。

　竹村は「一の中に一切が入る」とか「一塵の内において、微細の国土あり。

一切の塵等、悉く中に於いて住す」ということは「決して想像上、空想上のことではなく、覚りの眼に見えている事態を表したものである」（221頁）と主張する。仏教における信仰上の覚りを使えば何でも説明できるという考えがあるようである。が、覚りは悟りと違って理論的な面が強いと言われている所があるとするならば、それだけ判明（distincta）である必要があろう。

　竹村は言う「実際には私たちの肉眼には見えませんが、実は一の中に一切が入っていて、しかも明瞭に現れている」（220頁）と。現在、明瞭に現れている事柄として既述した物理学の内容があり、このこととは別に判明化（distincta）が有るならば、それを示すべきではないか。過去の思想は過去の場に立って検討すべきではあるが、このこと自体既に今現在に立っているのである。その立っている所に例えば今現在の物理学の成果があり、これを無視しても、それが実際に無くなるわけではない。信仰は別だと言う人に対しては、どうぞご随意にと言うしかないのではないか。

⑥秘密隠顕倶成門
（オンケングジョウ）

　鎌田の解釈：「この門は縁起の諸法を隠と顕との相即関係から見ようとするもの、つまり隠（裏）は顕（表）を離れず、顕は隠を離れずして同時に並存して相即している様を明らかにするもので、例えば金製の獅子像を見る場合、獅子だけを中心として見れば金は隠れ、金だけを中心として見れば獅子は隠れてしまうことになるが、しかし金と獅子像は不離であり、同時に並び存して相即しているが如くである。③諸法相即自在門の相即が空有並び存することの無きに対し、ここに説く相即はあくまでも隠顕同時に並び存するものである」（『華厳五教章　佛典講座28』292頁）。このことは、上述の金製の獅子像に関して言えば、「これは金製である」と指示して言いながら、その指示したままで同時に「これは金製ではない」とは言えない。上述の金製の獅子像の説明はアリストテレス矛盾律を犯しているわけではない。それがヘーゲル流の矛盾だとすると、それは背戻（Antipalon）である。

　ところで、ハイデッガーはヘーゲル流の矛盾の論理を否定、拒否している。その証拠としてヘラクレイトス（*Heraklit*, Artemis & Winkler Verl.）の断片112

を挙げておこう。ただしヘラクレイトスは矛盾の論理、または、それに類する論理を時には使っていることだけは取り敢えず述べておく。σωφρονεῖν ἀρετὴ μεγίστη, καὶ σοφίη ἀληθέα λέγειν καὶ ποιεῖν κατὰ φύσιν ἐπάοντας. (分別のある思考は全く非の打ち所の無いものであり、そして智慧は真なるものを語ることであり、そしてその智慧を聞きながら、物の本質に従って行動することである。) 上記ギリシア語の文中に重要な語があるとハイデッガーは言う。即ち、それは ἀληθέα (ἀλήθεια　非隠蔽態・真理)、φύσις (ヒュシス)、λέγειν, λόγος (言うこと、ロゴス)、ποιεῖν, ποίησις (行うこと、造ること、制作すること)、σοφίη (智慧・知)、φρονεῖν (思考)、ἀρετή (有能性)、ἐπαΐω, ἀίω (傾聴する、聞く) である。彼は先ず φρονεῖν (思考)、σοφίη (智慧・知) に関心 (Inter-esse) を持つ。先ず「智慧・知が真なるものを語る」が論究され、その後で、それが「思考はこの上もない完全態である」に結び付けられる。「非隠蔽態」が「真なるもの」として受け取られるようになるが、最古の使用例として、ホメロスの『イリアス』の中で ἀληθέα (真なるもの)、ἀληθές (真に)、ἀλήθεια (非隠蔽態、真理) が使われている。そして、それらは Sagen ¦一定の内容を言うことであり、例えば、Er sagt die Wahrheit. (彼は真理を言う) であり、Er spricht die Wahrhei. とは言わない¦、Erzählen (他人に新奇なこと、体験、個人的な事件等を口頭で語り伝えること)、Berichten (起こった事を人に知らせること)、Antworten (答えること)、Aussagen (或る考え、事情等を明白に再現すること、決定的な発言) という表現と結び付いてのみ使われるのである。

　こうして ἀλήθεια (非隠蔽態、真理) と λέγειν (言うこと) との密接な連関が根源的な一体となっている。しかも、ἀλήθεια は非隠蔽態と真理とがハイデッガーにおいては不離であり、同時に並存していると言うことは可能である。ここに間における Her-vor-bringen (こちらの前にもたらすこと、即ち、古いギリシア語に基づいた根源的な解釈を見つけ出した新たな領域の前にもたらすこと) が生起する。断片 112 内の ποιεῖν κατὰ φύσιν をハイデッガーも zu tun nach dem Wesen der Dinge (S.359) (物の本質に従って行動する) と訳しているが、S.367 ではそれと異なった訳をしている。Tun (行動) は現象に至る、つまり

現象させるということだけである。ποιεῖν ｜das Hervor-bringen（こちらの前に-もたらすこと）｜ と ποίησις ｜Her-stellen（こちらへ立てて置くこと）｜ とは、bringt hervor（こちらの前にもたらす），つまり、これまで、まだ現象されていなかったものを〈隠蔽されないもの〉と解釈出来る領域の側へと立てて置くのである（stellt her）(S.367)。この意義（Sinn）から言うと、ποίησις（創作）は φύσις（ヒュシス）の反対のものである。このヒュシスとは das Von-sich-her-Aufgehen（自ら-立ち現れること)-Hervorgehenlassen（明らかにさせること)-もたらすことの根源的な意義から言えば、das Hervorbringen（こちらの前にもたらすこと）である。ハイデッガーは例えば或る彫刻家が大理石の神像を創作する時、それにふさわしい大理石を選ばなければならないが、その場合、既に選ばれたヒュシスとして有る大理石は、その神像にふさわしいものとして自ら-立ち現れるもの、こちらの人間の前にもたらすものなのである。

　既述した断片 112 内にある ποιεῖν κατὰ φύσιν は以前「物の本質に従って……行動する」と訳されたが、この段階では「ヒュシスに従って創作する」と訳された。換言すれば「前以て現れながら、人間に向かってやって来るものに依存することによって、人間の前にもたらすことが出来るのである」(S.367)。分かり易く言えば、「前以て現れる物の本質が人間に向かってやって来る₁。このことに依存して人間は自分の思い描いていたものを創作出来る₂のである」。が、このハイデッガーの主張を固持すると、アンダーライン₁があるからアンダーライン₂があると言えるし、その限りで、逆にアンダーライン₂があるから、アンダーライン₁があると言えよう。ここに相即の一体不離が生起する。また「ποιεῖν（創作する）は Her-vor-bringen（こちらの-前に-もたらすこと)、Her- und Hin und Aufstllen（こちらへ立てて置き、そして向こうへ立てて置くこと）は「隠されていないもの」をそのようなものとして収集する」(S.369) というハイデッガーの主張文中の「そして」も、記号論理学の「連言」であるから、人間のこちら側・此岸と向こう側・彼岸とが一体不離であると言い得る。だが断片 112 内の λέγειν καὶ ποιεῖν の以前の訳は「語ることであり、しかも行動することである」となっているが、彼にとって λέγειν は「das sammelnde

Sich-Sammeln（集めながら、自己を集める即ち集まる）であり、これと ποιεῖν（創作する）との間にある καί（そして）は「同時に」の意味である」とハイデッガーは言うが、連言には通常時間の概念はないけれども、その概念を入れる記号を例えば Λ_z（z：時間）を使うことはできる。

　古代ギリシア思想を通してみると、ποίησις（創作）は φύσις（Sein　存在）と本来的関連を持っていると言うのがハイデッガー特有の考え方なのである。従って、以前「φύσις を物の本質（Wesen）」とハイデッガーは訳したが、Wesen は存在でもあるし、人間の Dasein（現存在）にも関連して来る。このことは正に私の言う転間となっているのである。

⑦諸蔵純雑具足門

　鎌田の解釈：「人門（人間の有り方）を考えるだけとすれば、一切皆人なるが故に純であるが、その人門に教義（教えの内容）、理事（理：普遍的な絶対・平等の真理・理法、若しくは道。事：個別的な具体的な事象・現象）等の差別を含むという観点からすれば雑となる」（『華厳五教章　佛典講座28』293 頁）。ハイデッガーの考え方から観ればすべての個々の存在者が雑であり、存在が純であると言えないこともない。純雑はヘラクレイトスの ἓν πάντα εἶναι（一者は一切である）に関連している。

⑧十世隔法異成門

　鎌田の解釈：「過去、現在、未来の三世に各三世があって、九世となり、九世は相即相入する故一念（一つの思念）に摂入する。この一念の総と九世の別とを合するに十世となる。この十世の各別を言うのが「隔法」であり、十世隔法の相互相入し前後長短の相を失わざるを「異成」と言う。従って十世隔法異成門とは十世に貫通する教義等の十義が一念の同時に集まり、且つ九世の別異に広がって、同時・別異相離れず具足顕現するもの、の意となる。……時が相即相入無礙なる法によって存する仮立たること、それ故時もまた相即相入無礙たること、というにある」（同 295・296 頁）。竹村の解釈で私が関心を持った箇所は次の通り。

　「諸法はもののすべての存在である」（この表現はなく「存在」（諸法）

　があるだけ）（228頁）••①

　「あらゆる過去や未来の事物も、現在の事物に相入し、未来や現在

　　の事物は過去の事物に相入し、過去や現在の事物は未来の事物に

　　相入していることにもなるでしょう」（229頁）••••••••••••••••••••••••••②

①の文章内の「諸法」のドイツ語訳として Daseinsfaktoren（現存在の諸要因）
があるが、これでは諸法は Sein にならない。それでも、そこに sein という語
はある。また「諸法が有る」とすれば存在論の問題にはなり得る。ハイデッガ
ーの『存在と時間』は、存在の内容をすべて了解できるようにする領域として
時間を学的に解釈した書であるが、①とは異なっている。時間を論じている点
ではそれだけのことであるが、②との繋がりを有している。そこで間論（Inter-
logie）から②を検討してみよう。

　現在今生きている私（Ich）がいて、過去や未来の事物をその私が今考えて
いる限り、過去、未来の事物は現在の事物に相入している。また未来や現在の
事物を昨日私が考えていたならば、それらの事物は過去の事物に相入してい
る。ただし、そのことを今私が思い出しているのである。過去や現在の事物を
今私が明日考えるつもりだとするならば、それらは未来の事物に相入すること
になる。とにかく、どの場合も今がある限り、そこに相依の相即が生起してい
るのである。竹村は「異なる時間を同時に見る、つまり時間を空間において見
る」（229頁）と言う。このことは楽譜に関して認められ得る。例えばシンフォ
ニーの楽譜内の第一楽章と第二楽章が実際同時にあるわけではない。実際聞く
音楽の音の有る流れは、これを記述した音の無い楽譜という空間内で固定した
順序とは異なっているのである。このような前後の時間と音の流れの無い空間
に関する限りでは、時間、空間は差異を持つ。また時間は動であり、空間は静
であり、絵画に関する、時間空間の一体不離はない。しかしながら、既述した
様に音楽を楽譜に表せば空間になり、絵画をすぐそばから見たり、極端な場
合、顕微鏡で見たり、離れて見たり、美術館で見たり、屏風、掛け軸との関係
で見たり、光線の当たり具合の違いを通して見たりすれば、絵画も時間におい
てある。いずれにしても時間、空間は相依相即であるとすることが最も確実な

表現である。以上の表現内容は時間、空間、相互依存における Polykontextu-ralität（多間連性）の一種であると言えよう。

⑨唯心廻転善成門（エテンゼンジョウ）

湯次の解釈：「唯心とは本来具有の唯一真如であり、廻転善成とは転変して善く縁起の諸法を成立するを言う。善は能の意味である」（『華厳五教章　経典解説』563 頁）。私見では、ここにおいて相互依存（Inter-dependenz）が重要である。竹村の解釈：「〈廻転善成〉というところには、一心は自性を否定し尽くすのであり（真如不守自性）、そこで理も消えるという意味合いがあることを見るべきでしょう」（233・234 頁）。そして竹村は西田幾多郎の主張文「絶対者は自らを絶対に否定して、個物的他に翻る」が事事無礙と照応していると言う（233 頁）。ここで注意すべき点は、西田の主張文は二値論理の否定ではなく、ヘーゲルの『大論理学』およびギュンターの『多間連値論理学』（*polykontex-turale Logik*）に繋がる否定であるということである。「自らを否定する」は古典的二値論理学の中で記号化すると〜p であり、p を否定するのであり、p が真か、偽になるだけであるが、ヘーゲルにおける否定は、西田の否定と同じであり、新しい値に転進することである。竹村は、「一心は自性を否定し尽くす」……①　という文が西田の「絶対者は自らを絶対に否定して、個物的他に翻る」……②　に照応すると主張するが、一心の心は人間の心になり、絶対者が人間になってしまう。人間がそれ自身において存在し、他の何ものによっても制約されず、限界付けられないものであろうか。①の文の「一心」は「不守自性」であるので、始めから無自性であり、②の文は、絶対者が個別的他に翻るとなっているので運動である。「絶対者が自らを絶対に否定する」とは如何なる意義（Sinn）であるのか具体的に明白にする必要がある。何故ならば、絶対者が仮に宇宙、神であるとするならば、それらが自己を否定するとはどういうことなのかを説明する必要があるからである。

⑩託事顕法生解門（ショウゲ）

鎌田の解釈：「託事顕法生解門は縁起の諸法がそのままで不可説不可思議の法界法門であることを明らかにする。即ち〈託事顕法〉とは、差別の事相に託

してその法相＝無尽の法門を説くもので、現象の背後に本体の如きを考えるのではなく、事喩がそのまま法界の法相にほかならないことを示すものである」（『華厳五教章　佛典講座28』298頁）。竹村の解釈：「託事顕法生解門は彼の十義ひいては一切の事物がおしなべて有している様々な特性にどのようなものがあるのかについて、適切な譬喩でもって表して、理解を助けるという法門です。……一切法が、尊ぶべきであることを宝で表し、また一切法が自在であることを王で表し、更に一切法が人々を潤して利益し（雨降らし）、その利益をする功徳を含んでおり（水分を含み）、龍の歯茎が重なり合う様に重々無尽である（幾重にもたなびく）ところを雲で表す等、この様に、喩えを用いて一切法に共通の意義を分かり易く表す法門が無量にあることを言うものです」（235頁）、「一般に喩えというものは、喩えるものと喩えられるものとが異なっているのが普通です。しかし華厳の見方によれば、例えば、雲は単に雨を降らせることで、人々を潤す説法の譬喩になっているだけでなく、実際に法（真理）を表現していて、私達を利益してくれているのです。雲としてあることで、既に実際に説法しているのです。或いは、実際に雲は単に重なり合って大空に現われるだけでなく、その雲自体が、重々無尽の縁起の中で成立しているのです。華厳においては、喩えるものが、事事無礙法界の事物そのものですから、そのまま喩えられる世界の事物の意義をも有していることになります」（237頁）。

　長い引用文を出したが、この文でも否定文ではあるが、喩えられるものが生起してしまっている。雲が大空に浮かんでいること自体が既に事事無礙法界である。即ち、現象界のすべての事象が相互に作用し合い、融即しているからであるが、このことは私見では既に何度も述べた相互依存（Inter-dependenz, pratītya-samutpāda, Inter-penetration）であり、本書の根源的概念である。これを論究するのが間論（Interlogie）である。思想家が自分の研究する特定の宗教に立って別の宗教ないし、その宗教的特性を否定、排除するのは比較的簡単であるが、そこから離れて自分の哲学を樹立することは難しいのではないだろうか。人々に雨が利益をもたらすと述べられているが、譬喩は注意して提出する必要がある。何故ならば、雨は線状降水帯となって大雨を降らし、例えば熱海

の土石流のように人間に危険をもたらすからである。

　これまでハイデッガーの『技術論』批判から分子生物学者、福岡と西田哲学研究者、池田とのピュシスについての対話批判を通して、ハイデッガーと華厳五教章における「一即一切」について述べて来たが、ここからギュンターの技術哲学、超古典論理学（transklassische Logik）を述べる時が来た。何故ならば、今までの叙述に繋がりながらも科学技術文明に私が関心を持っているからである。上述のそれぞれの領域は間に基づいた空記号表現論（Kenogrammatik）になる。これは既述したが、少し説明表現を変えてもう一度述べておこう。空記号表現論は、純粋な構造理論を展開させようとしたものであり、Keno は空記号を表し、その空記号の表現論は普通の記号概念を更に抽象化したものである。それもその筈、ギュンターは記号論、従って、形式的システム理論の中で、その表現論を使用できる様にしたからである。そして、その記号は他の記号（例えば記号論理学における真理値、即ち真、偽の値）の代わりに席を空けておくもの、即ち Keno（空・空記号）なのである。空記号の表現論を利用して算術を空記号の算術として弁証法化することが出来る。どういうことかと言うと、例えば数字２は、一義的であるのに多義的になるのである。従って２は空記号の表現論としては☆☆（繰り返し）、或いは、それとは別の☆○（付加作用）であり、数字３は５種類の表現、即ち☆☆☆、☆☆○、☆○☆、☆○○、☆○＋である。更に数字４は15組の表現である ｛Kurt Klagenfurt, *Technologische Zivilisation und transklassische Logik*, S.60f. 参照。或いは、*Dimensionen des Denkens*（思考の諸次元）*Dreiwertige Logik, erklärt auf der Basis von Gotthard Günther, Eine Interpretation von Petra Sutterlin*, S.50 参照｝。従って、ここでは算術は独創的なものである。即ち、その分野内では、元々数えられるものは区分化されて把握されるために、物、事柄という表現の普遍性が止揚される（aufgehoben）のであるが、止揚される限り、個々の物、事柄が否定されて、空という普遍性という段階に高まって保持されたとも言える。このことは私見では間の相互依存（Interdependenz）、相互行為（Interagieren）なのである。

第**8**章

三つの構造関係と反照との間

　三つの構造関係は、三つの順序関係、二つの合一関係、交換関係によって表される。以下の表がそれらを示している。

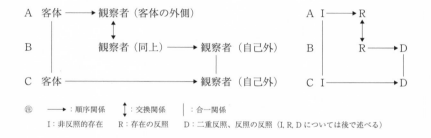

㊟　——→：順序関係　↕：交換関係　｜：合一関係
　　I：非反照的存在　　R：存在の反照　　D：二重反照、反照の反照（I, R, D については後で述べる）

　上の左図，右図構造内の A は思考ないし意識の最初の段階を示す。これは無意識に一定の客体が存在すると思考するだけのものであり、敢えて言えば、ヘーゲルの『精神の現象学』の中の感覚的確信に似ていて、しかもヘーゲルの「他者内への反照」（Reflexion-in-anderes）である。また上の左図、右図構造内の B は、同構造内の A の状況が自己（私）へと反照することを示し、私の知覚（Wahr-nehmung　感覚器官において真とすること）、私の思考への反照、つまり「自己内への反照」（Reflexion-in-sich）であり、更に、同構造内の C は、私の思考が同構造内の A の所に有る客体へと反照するが、しかし、厳密に言えば、直接に与えられた客体として有るのではなく、最早反照された客体であり、「自己内へと、そして、他者内へとの反照」（Reflexion-in-sich-und-anderes）なので I と R との関係は古典的二値構造であるならば、I は存在（客観的存在）であり、R はその存在の反照であり、その意味は R が I を否定すること

である。またＲの否定はＩである。しかしながら、ＲにＤを加えることによって、Ｒの反照、つまり反照$_1$の反照$_2$となり、反照$_2$は反照$_1$の否定でもあり、Ｄ（数字を消去すれば、反照の反照：二重反照）となる。次の三重の式は二値の否定関係であり、これらを交換関係←→で表すと下の図になる

$$I \longleftrightarrow R$$
$$R \longleftrightarrow D$$
$$I \longleftrightarrow D$$

㊟ Ｉ：非反照的存在、Ｒ：存在の反照、
Ｄ：反照の反照：二重反照
←→：⇆：上の ← と下の → における相互転間

　上図の反照システムは、三重（三値）の論理であり、それぞれ異なった意味を示し得る。
　次の図（Ａ）を提示することも出来る。

反照の過程

それ　　　　　我

存在に関して同一　　　　　反照に関して同一　　（Ａ）

汝

客観　　　　　　　　主観

　（Ａ）図の右辺に有る「我」（仲介者　Intervent）は反照の過程と主観とを示し、これらは反照に関して同一である。左辺の「それ」（Interveniertes）は反照の過程と客観とを示し、これらは存在している限りでは同一である。底辺の「汝」（Intervent）は「我」から見れば客観と主観とを示すのである。

認知状況

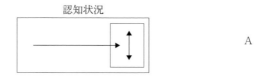

Ａ

　直ぐ上の図Ａでは、主観は避けられない受動的認知状況内にあり、‡で示

され、その状況は主観の生活条件によって決定されるものである。このことは古典的立場であり、ここでは、真理は存在していて、それの認識が妥当するか、しないかだけになっているのである。

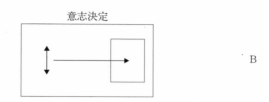

意志決定

B

　直ぐ上の図Bでは、主観は行動するものとしてあり、主客の順序関係は、認知状況の図Aの逆である。主観は主観としてある限り自己関係であり、主観の環境は、主観の決定、主観の行動、これら両者の客観になるのである。図A, Bにおける二つの対立した順序関係は相互に媒介し合わなければならない。何故ならば、認識すると、同時に、行動して相互に間係し合うところの同一の主観が問題になるからである。

　主観とこれの環境という形式の対称的交替は、一方では、環境によって規定される認知状況内にある本質として、他方では、環境を規定し、行動する主観としてあり、その交替が発端関（間）係（Proemialrelation）と呼ばれるものである。これは、行動する能動的主観から認知される受動的主観への転換、ないし、形式化される環境から形式化する環境への転換である。換言すれば、二つの転換は相互関係であり、関係するものは、関係されるものであり、逆に、関係されるものは関係するものである。根源にある発端関係は、多間連値論理学（polykontexturale Logik）における多構造の協働となり、しかも、それによって同質状態と異質状態との相互作用にもなり得る。

　ところで、ギュンターの論理学は既述した通り位値（Stellenwerte）に依存するシステムであり、これは古典論理学を我々の意識の反照システム内に包含し得る。従って、位値はこれまでの二値の論理計算に異なった意味を与えることになる。従来、二つの異なった頑なな意識段階があった。第一に、物事を意

識する時その意識は自己自身を意識しない、いわゆる自己内への反照のない直接的な意識であり、感覚的確信であり、これは環境内の諸事物の存在を直接、受容するだけの経験である。このことは前述した構造 A の段階である。第二には、その経験を自己内へと反照、別言すれば反省することであり、意識の一重の反照であり、感覚的確信の反照であり、これが構造 B である。構造 C は一重の反照を更に反照する働き、つまり二重反照の段階であり、これを広く押し進めたのが、ヘーゲルの『精神現象学』、『大論理学』である。ギュンターは反照の形式化をテーマとして、しかも広げて行くのであるが、これは単なる補足行為ではなく、むしろ質的変革なのである。

　システムと環境との間を、複雑態の観点から言えば、異質状態のシステムから実現化される多面的関係態が持っている。同質状態のシステムの中でも様々な立場が考えられ得ると言っても、その立場は雑多な関連態を一つの構造に秩序付けなければならない。が、それによって生産し続ける過程に入り込む衝動は、創造する源泉と言うよりも、創造の妨げになると解釈されてしまう。そこで「移転操作」｛Transjunktion, 多関連構造システム内で行われる二変項の演算。つまりそのシステム内で行われる例えば連言（p∧q）、選言（p∨q）等内の p, q に係わる演算｝が出て来る。

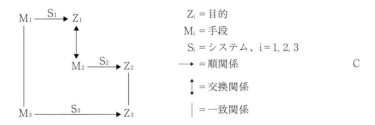

上図内の二つのシステム S_1 と S_2 は同時的な交換関係としてあり、これは、例えば、S_1 における目的 Z_1 は S_2 における手段 M_2 となり、また、その逆にもなるということである。その交換関係においては、相互のダイナミックな移行様態が与えられている。二つのシステム S_1 と S_2 は、同質状態として結合する

様態ではないので、それぞれ能動的なシステムとして別々に操作・演算可能である。しかしながら、情報の転移においては、諸々の意味の取り換えが共に考えられるか、若しくは現実化されねばならない。その転移が明白に定義されるならば、前頁の結合図 C のような移行であり、二つの方向が異なった意味連関を実現化する。ところで、クルト・クラーゲンフルト（Kurt Klagenfurt）の結合図では M_3 と Z_3 との間に S_3 が無いが、S_3 は、S に関する限り同質状態、S_1, S_2 よりも普遍的であるシステムとして設置できる。

第9章

ギュンターの構想概念

　ギュンターはヘーゲルとの対決とヘーゲル『大論理学』を操作・演算出来る
という考え方とによって、二つの反照段階を提出する。即ち、最初の反照は存
在の思考であり、第二の反照は思考の思考である。この二重の思考論は、古典
的二値論理学の中では形式化され得ない。思考の思考は謂わば第三の真理値で
あり、古典的二値論理学内で取り扱われる排斥（Rejektion）はある。それは次
のものである。

p	q	p † q
1	1	0
1	0	0
0	1	0
0	0	1

㊟　p．q：命題
　　　†：排斥
1：真、0：偽　1と0しかないので二値である。
縦列0001は四結合位値である。

　上図の古典的二値論理学の排斥は前文pと後文qが共に偽である時、真であ
る。しかしながら多間連値論理学における排斥値は真ではなく先へ論理展開す
るものであり、例えば別の主張文s, rへと進むものである。それはヘーゲル
の否定の否定が進展するためにあるものと同じ働きをする。しかも多間連値論
理学の排斥（Rejektion）は、転間操作（Transjunktion）の中に含まれるのであ
る。

　次頁の図はギュンターが活躍していた時代に基づいた彼の発展、展開と彼の
理論が広がった領域の見取り図である。それ故、時間、空間の間における概観
図である。彼の考えの出発点は現実概念、即ち古典的二値論理学の基礎にある
存在論構想である。

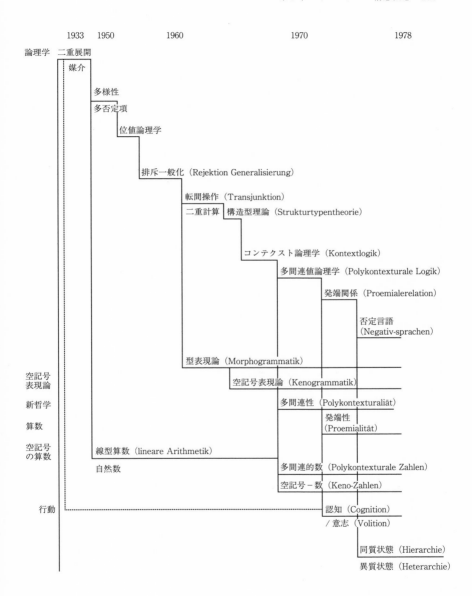

| | 1933 | 1950 | | 1960 | | 1970 | | 1978 |

論理学　二重展開
　　　　媒介
　　　　多様性
　　　　多否定項
　　　　　　　位値論理学
　　　　　　　　　　排斥一般化（Rejektion Generalisierung）
　　　　　　　　　　　　転間操作（Transjunktion）
　　　　　　　　　　　　二重計算　構造型理論（Strukturtypentheorie）
　　　　　　　　　　　　　　　　コンテクスト論理学（Kontextlogik）
　　　　　　　　　　　　　　　　　　多間連値論理学（Polykontexturale Logik）
　　　　　　　　　　　　　　　　　　　発端関係（Proemialerelation）
　　　　　　　　　　　　　　　　　　　　否定言語（Negativ-sprachen）
　　　　　　　　　　型表現論（Morphogrammatik）
空記号
表現論　　　　　　　　空記号表現論（Kenogrammatik）
新哲学　　　　　　　　多間連性（Polykontexturaliät）
算数　　　　　　　　　発端性（Proemialität）
空記号
の算数　　線型算数（lineare Arithmetik）
　　　　　自然数　　　　多間連的数（Polykontexturale Zahlen）
　　　　　　　　　　　　空記号－数（Keno-Zahlen）
行動　　　　　　　　　　認知（Cognition）
　　　　　　　　　　　／意志（Volition）
　　　　　　　　　　　　同質状態（Hierarchie）
　　　　　　　　　　　　異質状態（Heterarchie）

補 足

①排斥値（Rejektionswert）

これは、通常の意味のものではなく、多間連値論理学における二つの命題 p，q が別の命題 s，r へと否定転間する値である。

②コンテクスト論理学（Kontextlogik）

コンテクストは、様々な二値サブシステム（Kontexte）だけを持ち、しかも、普遍、特殊なる上下関係を持ち同質状態によって秩序付けられる（例えば、人間、哺乳動物、生物）。その論理学はコンテクストに基づいて提出されるものである。

③二値論理学

二値構造領域を産出するものであり、そこから転間して考えれば、あらゆる物事を様々な二値構造領域から生ずる真理値（真または偽）に関係付けるものであり、螺旋運動、立体的網状交差運動を行うものである。

④型表現論（Morphogrammatik）

これは、多間連値システムを研究する場合に使用される空記号論の領域でもある。それ故、型は空記号を操作して出来たものでもある。空記号表現論（Kenogrammatik）は既述したが、分かりにくいと思われるのでここで明確に述べてみたい。

二つの空記号（例えば、＋とか○）の連続したものは型記号（例えば、＋＋＋○）として規定される。型表現論においては、二個の型記号（例えば、二個の真理値）に制限する理由はない。型表現論の構造はとりあえず純粋な構造形式として同等と差異との区別があるだけである。従って、それ以上の空記号構造、若しくは型記号が存在することになる。例えば、一度使用した縦の記号列は他の縦記号列として繰り返されることは無い。従って、四組の縦の型記号列は最大限四個の空記号によって一般化される。それ故一個、ないし二個の空記号によって成立する八組の型表現がある。これに古典的二値論理学表も帰属す

る。これは下図（a）内にある二つの点線の四角線内の縦列の 1 から 8 までの
ものである。8 の上と下のグループ（型表現）は等値なので空記号としては同
じである、即ち＋○○＋である。しかし、ボヘンスキーは反対値 p〉——〈q 即
ち p, q の内のどちらかが真ならば真であるという行列 0110 を提出してい
る。

	1	2	3	4	5	6	7	8	9	10	11	12	13	14	15	
	+	+	+	+	+	+	+	+	+	+	+	+	+	+	+	
	+	+	○	○	+	○	+	○	*	+	*	○	*	○	*	
	+	○	+	+	+	+	○	○	+	*	○	*	*	*	x	
	○	○	○	○	+	+	+	+	○	○	○	○	○	+	○	(a)
	○	○	○	○	+	+	+	+	○	○	○	○	○	○	○	
	+	○	+	+	+	+	○	○	+	*	○	*	*	*	x	
	+	+	○	○	+	○	+	○	*	+	*	○	*	○	*	
	+	+	+	+	+	+	+	+	+	+	+	+	+	+	+	

　例えば上表（a）内の数字 1 の直ぐ下の縦列グループ＋＋＋○を真、真、真、
偽とすると下図（b）の選言 p∨q の真理値であり、数字 4 の下の下の縦列グ
ループ○○○＋を偽、偽、偽、真とすると下図（b）の排斥（Rejektion）p†q
の真理値である。

p	q	p∨q		p	q	p†q	
真	真	真		真	真	偽	
真	偽	真		真	偽	偽	(b)
偽	真	真		偽	真	偽	
偽	偽	偽		偽	偽	真	

　四位の型表現は一つから最大限四つの空記号によって一般化される。これま
で、一個から二個までの空記号で表現されていた 16 組の古典的二値論理学で
ある上表（a）の点線内の二つの組の中から直ぐ上の四位の型表現（b）が得ら
れる。繰り返すことになるが例えば p∨q の列（真真真偽）と p†q の列（偽偽

偽真）とを統一して空記号で表せば、△　△　△　▽とすることが出来るのである。これの実例を挙げればpを「ウクライナは2022年時、独立国でない」、qを「2022年時、ウクライナはナチスドイツと同じだ」とするとp∨qは偽であるが、例えばpを「2022年4月時、ウクライナの前線の兵士は祖国を防衛しなかった」、qを「ウクライナはナチスドイツと同じだ」とすれば、p†qは真である。

　以上のことを一般化して言えば、一個と二個の空記号（△と▽）によって配分できる四位の型表現が下の表（c）であり（これの中の一例が下図（c）の縦列3△　▽　△　▽である）、これは前頁の表（a）の二つの点線領域内3に続く上の組と下の組を一つにしたものである。が、下の表（c）1の縦列△　△　△　▽は既述した通り古典的二値論理学では選言p∨qであり、排斥p†qである。念のために言えば、選言p∨qは、p, qが共に偽の時、偽であり、p†q（排斥）は、p, qが共に真の時、偽である。

1	2	3	4	5	6	7	
△	△	△	△	△	△	△	
△	△	▽	▽	△	△	△	(c)
△	▽	△	▽	△	△	▽	
▽	▽	▽	▽	△	△	△	

　二値論理の場合、上の表（c）にある1：選言と排斥、2：「Präpendenz（前文pに依存）、前文pが真の場合、恒真」と「Pränonpendenz（前文pに非依存）、後文qが真の場合、恒真」、3：「Postpendenz（後文qに依存）、後文qが真の場合、恒真」と「Postnonpendenz（後文qの真に非依存）、後文qが偽の場合、恒真」、4：連言とRejektion（排斥）、5：恒真式と恒偽式、6：含意（前文pが真、後文qが偽の場合、恒偽）とPostsektion ¦（含意結論の逆）、前文pが真、後文qが偽の場合、恒真¦、7：逆含意（前文pが偽、後文qが真の場合、恒偽）とPräsektion ¦逆含意結論の逆、（前文pが偽、後文qが真の場合、恒真）¦。

　前頁の表（a）の数字8の組（型表現　Morphogramme）は、＋　○　○　＋という配置が同じであるから表（c）では表現する必要がない。

119頁の表（a）の破線内の15の組だけが最大四つの空記号（+　○　＊　x）を持ち、例えば+を一応真、○を一応偽、＊を可能（その大小は別として）、xを未知の知とすれば、四値論理学が示されるのだが、9組から14組までは三値論理学である。

⑤転間操作（Transjunktion）

これは多間連値システム内にある二つの変量である論理変項を操作、演算することである。また、転間操作は多関連システムとは異なった二値関連構造領域（Kontexturen）に橋渡しをすることでもある。転間操作を自己意識、或いは主観態の代わりに新しい形式論理学的基準として解釈するには、その自己意識の構造を多関連システム全体から離れた論理的サブシステムの場に移さなければならない。

⑥指示する値・指示値（Designierender Wert）

論理学では指示値と非指示値との区分がある。指示値は論理学と存在論との間係から言えば、存在である。従って、これは二値論理学内で言えば、真、肯定、1があることであり、これらは、指示値であり、多値論理学内で言えば、指示値という同質状態（Hierarchie）に帰属する。R（反省、自己内への反照）もD（二重反省、反照）も指示値であるが、I（非反省、非反照）は非指示値であり、Dは二重反省であっても、反省である限りで指示値である。少なくとも二つの異なったサブシステムが二つの異なった仕方で相互に結合している場合のシステムは異質状態（Heterarchie）である。だが同質状態では、AがBより前に置かれ、BがCの前に置かれ、CがAの前に置かれるということは不可能であるが、異質状態では可能である。

⑦二重計算（Doppelkalkül）領域

即ち反省の無い領域Iと反省（いわば自己内への反照）領域Rとは区別される。また、Rは自己自身を反省するので、この働きはD：二重反省となる。これは、厳密に言えば思考を更に思考することであり、誠実に深く掘り下げて論究し続けることであり、このことが極めて重要なのである。

⑧**構造型理論**（Strukturtypentheorie）

　この理論においては、如何にして一般に m 値システム内で、主観態と客観態、または指示値と非指示値が区別され得るかという問いが論じられるが、多数の指示値に従ったいわゆる多値存在論からも、それだけの数の論理的システムが出て来る。

⑨**発端関係**（Proemialrelation）

　これは、先ず結合するものと結合されるものとの間の結合の可能性を問題にする。そうすると、発端関係は空記号表現論の構造領域に帰属し得る。

第10章

転間論と間論 (Interlogie)

　これまで転間を種々論じて来たが、このことは、結局、間が転換して行く有様を論究して来たのである。そうすると、そのことを一般化すれば間論として考えて来たことになる。即ち間論の問題として転間を考えていたのである。従って、転間論としての間論、間論としての転間論を考えていたのである。人間が間を有していることから、時間空間におけるネットワークを有していて、しかも行動することに注目しながら、論考して行く限り、間論理学 (Interlogik)、更に間論 (Interlogie) へと転間するのは必定である。余分なことの様であるが、ギュンターの論理学を究明することによって単なる古典的二値論理学を超越した間論が現成するようになったのである。

　そこで、ギュンターの論理学、換言すれば技術哲学を検討する必要が出て来た。コンテクスト論理学は固有のモデルを提出する。それは彼の理念に従うと、特殊なケースになる。即ち位値論理学を二値システムから構成するのではなく、コンテクスト論理学をサブシステムとして複合的超古典的な論理学の一つにする。従って型表現 (Morophogramme)、即ち、日常言語の意義の無い型記号列が提示されるのである。が、逆にこのことによって、その記号列に入り得る意義を考えることが出来るのである。

　古典的二値論理学、即ち存在論的に解釈され得る一定の真理値が考えられるのではなく、多くの主張文の相違が論じられるのである。従って、ギュンターの哲学的根源は、ヘーゲルの存在と無、肯定と否定が反省理論的には（自己内への反照において）同一であるということにも通じて来る。型表現論は存在論的な真理値指示からは自由になった記号、つまり型が重要なのである。が、その単なる型表現に肯定値、あるいは否定値が採り入れられることによって、解

釈が行われるならば、位値論理学に還帰し得るのである。それ故、型表現論は空記号表現論へと一般化されているとも言える。型表現論は主観態の形式理論であり、自己内への反照、即ち反省の領域内に留まる理論であるとも言える。

第 11 章

転間に基づくギュンターの技術哲学

　クルト・クラーゲンフルト＊によるとギュンターは、科学技術的文明論、技術哲学を問題にしていることになる。この人の形式論理学構成と技術哲学とにおいて反省された社会の変革は、他の専門家から、または他の思想家から非難を受けたが、高く評価した人達もいる。いずれにしても以後クラーゲンフルトの叙述を基にして転間を考えながら、これから述べる第1節から第9節までの概略を節の数字順になってはいないが論じておきたい。

　チリの神経生物学者ウンベルト・マトゥラーナが生物学的認識論に基づいて表現したことは、歴史上の主観も、認識形式も、これらが構成する真理に関して言えば、歴史に係わらない他の主観、他の形式より優先しているわけではないということである。このことは様々なそれ以外の領域からも語られ得るのである。こう主張するマトゥラーナについては第4節で述べよう。以上の事柄に対応する哲学の分野内では、唯一の立場とされたロゴス中心主義からの脱構築、即ちジャック・デリダによる認識と真理との独占絶対化からの脱構築であり、これは第3節で述べるとしよう。それと似た論じ方をするのが社会学の領域におけるニコラス・ルーマン（1927-1998）であり、この人はサブシステムに分けられるシステム全状態を制御し、正当であると認める決定機関は社会にはないとする。このことが発展状態と見通しの出来ない危険状態とにある自己運動（Selbstläufen）に導くのである。このことの主張者はドイツの社会学者ウルリッヒ・ベックでもある。政治の領域において、その自己運動から出て来るの

＊　Kurt Klagenfurt はギュンターの科学技術哲学に関する入門書『科学技術的文明と超古典的論理学　Gotthard Günther の技術哲学入門』を執筆した複数の学者からなる学際的な(inter-disziplinär)グループを個人名にした表現である。

は、世界国家（Universalstaat）の消滅により、多くの個別国家（Spartenstaaten）が有利になることである。このことの主張者はブルックハルト・ヴェーナー（ドイツの国家学者、社会学者、経済学者、小説家）であり、この人に関連する論述は第5節で取り上げよう。哲学史で必ずと言ってよい程取り上げられるデイヴィッド・ヒュームとイマヌエル・カントとの関係があるが、ここで提出される問いは、社会の場から離れ、しかも経験する個々の認識主観の関心から離れた普遍性と思考必然性とを要求する思考形式に如何にして達し得るのかということである。その答えとして、カントは超越論的主観を認識論へと移すのである。このことについては第6節で述べることにしよう。

　社会学者、哲学者、詩人であるノルベルト・エリアス（イギリス国籍でユダヤ系ドイツ人）によって、その認識論は、哲学的思弁から離れなければ出口のない袋小路になると批判される。このことについては第7節で述べよう。

　カントの超越論的主観を克服しようとした有名な二人の学者を挙げれば、それはスイスの認知心理学者ジャン・ピアジェとアメリカの社会心理学者、哲学者（プラグマティスト）、思想史家ジョージ・ハーバート・ミードである。この二人も第7節で取り扱うことにする。両人はカントの超越論的主観において考えられる内容を具体的な経験を通して批判する：即ち、種々経験する主観から出て来る個々の事柄は、カントの超越論的主観の抽象的な認識論上の領域には達しないのであり、その領域内では具体的な答えは述べられない。それの具体的、本質的第一歩を踏み出したのがドイツの経済学者、社会哲学者アルフレート・ゾーン-レーテルである。この人は超越論的主観の成立する所からではなく、歴史から観れば狭められた社会から、つまり商品社会から考えたのである。このことを第8節において述べてみたい。

　さて、ギュンターの論究する技術哲学的ないし歴史哲学的筋道、即ち彼の多値論理学の存在論的基礎付けは、オスヴァルト・シュペングラーとハイデッガーとの技術哲学と歴史学とに対応し、しかも、この両人が先駆者となっている。シュペングラーのファウスト的技術、古典的-自動機械は、ギュンターの場合、西洋の自然支配、文明の終着点では無く、これから出て来る新しい科学

技術、超古典機械、これらの前提である（後で述べる第1節参照）。それらの論究を基にして、ギュンターはハイデッガーの技術論の根源を批判、論じて行く。ハイデッガーは技術に対して悲観論を展開、構成するので、技術を否定する考え方へと移すが、前以て与えられた存在に制限するだけではないので、かなり高度の論理力を持ち、その限りでは説得力のある主張文として展開されていると言えよう（第2節参照）。純粋悟性の思考形式と思考カテゴリーは、現在の人間にとって最早思考の自然形としては現れない。従って時間、空間の無い妥当性は無い。そうであるならば、どんな歴史的変化がギュンターとアルフレート・ゾーン-レーテルとによって表せられるかという問いが出て来る。その答えは、純粋思考を支えている社会の形式化自体と商品社会である（第8節参照）。

　人工頭脳についてのこれまでの研究の分析による批判は、二つある。その一つは世界を正しく見る仕方として有る自己関係性（Selbstbezüglichkeit）であり、これを多間連性理論が考える。二つ目は論理計算の値結合の問題を空記号表現論の計算によって解決することである（第9節参照）。

第1節　精神の客観化の段階（オスヴァルト・シュペングラー）

　これから述べる第1節から第9節の間にあるものは、転間係であり、これは互いに転換して係わることである。既述した通り間は das Einander（互性、互態）であるが、これはドイツ語の文字としては一方と他方でありながら、互性、互態という意味である。そして、その語にいわゆる前置詞をつけることによって互いにどんな意味を持つかが明白になって来る。例えば ineinander（互いに相手の中へ、互いに入り交じって）、miteinander（互いに、一緒に、同時に）、auseinander（離れて、離して、別々に）がある。これらについて述べられる各節は転間を有することが極めて重要なのである。このことはペーター・ベクストの論文「前置詞という客体として考えられる限りでのライプニッツにおける連続と断絶」*の中で、例えば Zwischen という客体が重要なものとして述べられて

いるので、このことに先述の前置詞 einander が通底しているということだけを述べておこう。

　さてシュペングラー（Oswald Spengler）の『西洋の没落』の中で重要な概念は西洋のファウスト的文化である。だが、ここには安定して前進し続け、発展する勢いは最早ない。ギュンターはファウスト的古典的自動機械でなく、技術の新しい形、つまり超古典的機械、即ちコンピューターを考え、更に汎用マイクロプロセッサであるトランスピューターをも問題にする。科学技術の真理は、観想により出て来るのではなくて、構成過程から創り出されて行くのであり、同時に新たな世界社会を実現するための西洋中心主義のトロイヤの馬でもある。コンピューター科学技術は、ギュンターの考えでは、原理的には予言できない未来があるが、この未来において行動可能な状態、制作可能な状態を明らかにし得るのである。それらの制作は人間の意志、主観（我、汝）の領域、これらに依存していて、機械によって行われるのではない。その人間の意志、主観の領域が世界をネット化し広がるコミュニケーション行為の社会の基盤である。客観的主観（汝）から離れて機械へと関与させる過程、および機械を改良する過程を形而上学の終わりと思ったり、主観の没落であると思うことは、ギュンターによると素朴なヒューマニズムの間違いなのである。それもその筈、そのヒューマニズムは何について語るのかを知らないからである。

第2節　形而上学の終了としての科学技術（マルチン・ハイデッガー）

　ハイデッガー（Martin Heidegger）の科学技術の型枠についてはこれまで種々述べて来た。ここでは転間操作に基づいたハイデッガーの存在論を検討してみたい。彼の問い「何故一体全体存在者があって、むしろ無が有るのではないのか」も既に色々論じて来た。そして、その問いの中の「無という語は、その問いが存在を顕わにし得ないことを保証している」と述べた。その無は存在を顕

＊　ベクストの論文は『マックス・ベンゼ　世界のプログラミング化』（J. B. Metzler）の中にある。

わにしない限り否定辞であることになる。また「無は無化する」（nichtet）の
nicht を使っている限り、否定辞が出て来ているとも言える。

　ところで、ギュンターもハイデッガーも一致している点がある。それは、現
に始まっている科学技術の時代の特徴を思考しながら経験出来る可能性を伝統
的形而上学は提供しないということであり、また技術および科学の実際の成果
は、単なる観想だけの思考ではますます得られなくなってしまったということ
である。古典的形而上学において提出出来た問いも、技術の本質についてのも
のではあったが、これは既に終わりに達している。これがギュンターの考えで
ある。人間存在の根源にある構造に帰属するのは、人間が存在を自由に了承で
きることである。ハイデッガーにとって、人間はその本質から言って、合理的
動物（animal rationale）ではなく、存在に基づく実存として有る。その実存を
通して、また、その実存全体の中にいて、人間は自分の環境を把握している。
そして人間から生ずるものは、人間の全実存にある不安なのである。人間は歴
史上の本質存在である。人間は、いつも投げ込まれてしまった所、または既に
存在していた所、過去から、自分自身で未来になり得る所を規定するのであ
る。そして人間は未来を見通すために、現在必要なものを考えて置かなければ
ならないのである。

　ハイデッガーの場合、過去、現在、未来としてある時間性は、不安として現
に有る現存在の基本構造である。投げ出されてしまっていること（Geworfen-
heit）は、現存在であるが、これはいつも既に本質として存在してしまってい
ること、つまり過去であり、しかもこれは、現存在をあくまでも未来において
も存続させる基盤なのである。日々出て来るこういう配慮をハイデッガーは衰
退していること・衰退存在（Verfallensein）と呼ぶ。以上の過去、現在、未来
の三つの存在構造は相互関係（aufeinander　重なり合って、連続して）でありな
がら、統一体である。人間が今現に生きている限り不安を有するのである。ロ
シアのウクライナ侵攻によりプーチン大統領が核爆弾の行使をほのめかして、
全世界の人々に与えた不安は典型的な実例である。

　ハイデッガーの存在はギュンターによると次のように総括出来る：現代技術

の、または科学技術の世界支配は、極めて古い技術の解釈から、つまり形而上学から時代を経て出て来た結果なのである。その解釈の根源は既にプラトンのイデアとしての存在の解釈の中にある。その解釈の正当性は現実が存在し得るための制約として有るカントの超越論的演繹において経験出来る。その制約の頂点はニーチェの力への意志という形而上学の中にある。更に正確に言えば、ハイデッガーによる形而上学の解釈の中にある。技術は力への意志の存立を確保するものとして現れる。科学はすべての存在者を追究、研究し制御出来るものとしてその力の中に含まれる。ハイデッガーが形而上学について語る場合には、最初から、その技術的な、即ち、一定の位置に立った、計算できる性質を取り扱う。人間に完全に役立っている技術は終了された形而上学であり、また、形而上学は最新技術から見ればまだ終了されていない形式でもある。以上のことは元々「交わる」の意味を持った間に基づく間廊を有している。

人間の行動は、見かけ上自由な意志行為であるが、これはますます技術を遂行する性質を表して来る。これを目に見えるようにして、機械を提出し、従来の主観を技術の遂行から引き離すことをギュンターは課題として、古典形而上学から科学への移行を必要な第一歩としている。彼はその課題を実用化し構成する意図を持ちながら、しかもハイデッガーと対立（Auseinandersetzung　元の意味：別々にして置く）させながら多間連構造を考えているのである。

ハイデッガーの中心概念はもちろん、存在であるが、存在の形而上学は未来を語っていない。現在手に入れた事柄こそがハイデッガーの場合いつも過去、未来を一つにするものである。その典型的な実例こそが不安なのである。またギュンターは無の概念を肯定して科学技術に挑むこととして把握している。この人にとって、無反照である存在の否定としての無は、反省・自己への反照、主観を表している。無は構成により満たされる空位として、構造の課題として現れる。

ギュンターによると、意志と思考を根拠として持つ世界史は、普遍テーマとして無の世界史を持ち、しかも意志の自由は無から出て来るのである。従ってまた世界史に関して肯定的に語られるのではなくて、むしろ否定言語において

のみ語られる。また前以て与えられた存在に関しては無制限な言葉によって語られる。その否定言語は、彼にとって行動を起こすための普遍的な規範集なのであり、その様なものとして彼は否定言語を機械にするのである。

第3節　ロゴス中心主義の構造破壊 (ジャック・デリダ)

　ギュンターの著書にはしばしば変間と意味論上の移動があるが、これの特徴は円環運動であり、これは具体的に言えば真上から見ると円環をぐるぐる回っているだけの線であるが、真横から見ると円筒形に沿って下から上へ登って行く線である。その様な円環運動になっている物は、先へ先へと進むだけの直線的運動に反対したものである。従って連続して一方の定義から他方の定義へと直線的に転換して行く more geometrico（幾何学的方法で）という哲学はギュンターの円環運動の方法とは対立している。この人の本の内容は再三再四新たに後戻りする。更に言えば、そこにはネットがあり、しかも古いネットは破壊されて、新しいネットに替えられる状態がある。

　ところで、デリダ（Jacques Derrida）によると、形而上学に衝撃を与えようとする者がその概念を放棄するということは無意味なのである。その衝撃こそがギュンターの著書の示す不可避な結論なのである。古典的形而上学は西洋における合理的構造として理解され、常識化されている。しかも、その構造は単一のものであり、換言すれば、思考の整合性を確実にする同一律、排中律、矛盾律の絶対的、普遍的妥当性は古典的形而上学に必要な根拠として認められる。そうすると多関連性の見解は先の単一構造を破壊することになる。が、デリダはその形而上学、つまり古い機械を破壊するために、形而上学的概念を活用しようとするのである。

　ギュンターはデリダの計画と同じ様なことを考える。即ち、彼は存在、現存、同一性、これらの優位性を非難することとして、単一構造を否定し、多間連性理論を提出している。

　西洋の合理性を構成するロゴス中心主義は、その背景にあるものを探そうと

しない。何故ならば、その合理性の構成実現を要求するための合理的理由が提出され得ないからである。ロゴス中心主義の破棄は、唯一しかない立場の放棄であり、認識、および真理だけを論究する態度を拒否することである。

　ギュンターは様々な間連性の異質状態にある並存（Nebeneinander）を考えている。この場合、一方の方向か、或いは他方の方向のどちらでもよいという任意状態が語られるのは、確実な理由が差し当たり決定されていない時である。しかしながら、選択がひとたび決まれば、その間連性の中で確実なシステムが保証され、その限りで同質状態が生じ、これの間連性内での取り違いは許されない。そして一つの論理学が様々な異なった場において分化され、デリダの考えに則れば、数多くの論理学へと広がる。このことは何を意味するか。それはルードルフ・ケーアの論文「弁証法論理学と型表現論（Morphogrammatik）とを厳密に形式化するための資料」* にある。以下その概要を私の考えを入れながら述べておこう。

　「2．多関連値論理学　2.0　書記素論（Graphematik）における論理学のシステム場」の中で、「書記素論** における多関連システム論理学のシステム場は何であるかということを理解するためには、普遍的論理的理論の概念を導入することが必要である」とケーアは最初に述べ、このことの内容がデリダに基づいていることを示している（S.9）。ケーアによると、「別々の、孤立し合った骨組み（Framework）は、どの具体的論理学をも相互に（unter sich）包含し合う。その骨組みは多関連値全体、即ち媒介論理学　G^{mn}（G：ギュンター論理学、^{m}：m 値、^{n}：n 変項、これ等が関連・間連するという媒介が考えられる）となる。骨組み・型としての形式 F$_1$ は、変化して具体的、個別的内容 I$_2$ を持ち、これが形式 F$_2$ となり、更に、F$_2$ は具体的、個別的内容$_3$ へと進む。そして、このことが止揚されて、この型表現論は形式 F$_3$ として現象する。形式と内容との、

---

*　G.Günther, *Idee und Grundriss einer nicht Aristotelischen Logik*, 2.Aufl, S.9ff. 以下頁数のみを記す。

**　書記素とは、書かれた言語（書記言語）の中で意味上の区別を可能にする最小の図形単位を言い、これに例えば文字、数字等の記号も入り、これらは教育され習得される言語変種の一つであると言える。

部分と全体との、単一コンテクスト ｛二値（通常、真理値）だけの単一構造領域｝（Monokontexturalität）と多間連性（Polykontexturalität）との交換運動は、様々な領域上での、取り換え関係、順序関係によって、逆転と移動によって、媒介化と抽象化によって整理される」（S.10）。

「2.1　論理システムの類型論（Typologie）」の中で、向自的に考えれば（für sich genommen　ヘーゲル『大論理学』の多間連値論理学化を自覚して実行すれば）、論理的複合態（Komplexität）は、位値論理学において分析される。それに相応するのが、m 値と二変項（Variablen）を持った位値論理学（stellenwertige Logik：$_s$）$G_s^{m,2}$ である。論理的複雑性（Kompliziertheit：$_k$）が向自的に考えられるならば、二値と n-変項（n-ären）を持ったコンテクスト論理学は $G_k^{2,n}$ である。両者は抽象的対立を示す。が、この対立は、媒介理論 $G_{s\ k}^{m,n}$ における m 値と n 変項との媒介によって止揚されるのである。

ところで、「$G_s^{m,2} - G_k^{2,n}$ という対立においては、位置原理とコンテクスト原理との相補性は変性された形式の中に含まれる。こうして $G_s^{m,2}$ は変性されたコンテクスト k＝1 を伴ったコンテクスト論理学 $G_k^{2,2}$ として、把握される。即ち、二値二項の関数として理解される。$G_k^{2,2}$ は真なるものだけであるとすると、$p^{o^m}q, 1, 1, ……, 1$　^{O}：メタ変項、^{m}：恒真である。その限りでの p, q は恒真 1, 1, ……, 1 である」（S.12 参照）。

以上の様に述べてケーアは Mathesis Universalis（普遍学、ライプニッツ、フッサールによる）でなく、一種の数学である Graphematik（数学的書記素論、論理記号単位論）をかなり詳細に展開する。

さて、ロゴス中心主義の問題に戻ろう。スイスの言語学者、言語哲学者フェルディナン・ド・ソシュールの parole（パロール　個々の発話行為）には差異だけがある。これをデリダも考えている。パロールから転間してそれに繋がりながら、文字言語として間介しながら判明になり得るドイツ語から述べてみたい。

ドイツ語の Verschiedenheit ｛相違態　verschieden は verscheiden（古義：切り離す）の過去分詞｝は Untersheidungen（区別すること。不定形の名詞化、また

は、名詞化したものの、複数の一人称、三人称、現在形に由来する）の結果である。デリダは、その結果としての相違態と区別することとの弁証法（彼の考える）を表現するために différence（差異）を提出する。これは思考のロゴス中心主義の優位と絶対化とを支持しないことを意味する語である。何故ならば、合理的思考は謂わば一つの極から構成されているだけで、その他の極を完全に欠陥であるとして軽蔑はするが、しかし、その思考自身にとって認めなければならない必要条件がその極にあるからである。それをドイツ語から考えてみよう。

　一つしかない間連性、即ち、Unterschied（区別）と Unterscheidung（相違）との間連性における見解はジレンマに陥る。何故かと言うと

　　①Unterschied（区別）は Unterscheidung（相違）の前提として提出され得るのか、

　　②Unterscheidung（相違）は Unterschied（区別）の前提として考えられ得るのか、

という問いが生じて来るからである。①か②のどちらか一方だけしか選べないにしても、両者の中の Unterschied と Unterscheidung は表現として別のものであり、そして、「違い」という意味を両者は同時に持つので同じものであるという考えが出て来る。ドイツ語の文法から言うと特徴のあることが分かる。即ち Unterschied の中の schied は scheiden（不定形、特に複数形、一人称、三人称、現在形に注目する）の過去形であり、Unterscheidung の中の scheidung は現在形 scheiden に由来しているので、従って schied と scheiden は密接に間連し、転間する。また、過去は現在があるから言えるのであり、そして現在は過去があるから言えるのであり、相互転換している。以上の説明は和訳語だけでは適切に解釈することが出来ないのでいわゆる間介が出てしまう。そしてドイツ語と日本語とを基にして考えると差異の同一が出て来る。

　ギュンターは différence（差異）という語の中で考えられる Unterschied（区別）と Unterscheidung（相違）とが同根であることを具体的に示していて、多間連性の視点から Unterschied（区別）と Unterscheidung（相違）との相互作用が考えられるので、絶対に区別があると決定することは出来ない。ところ

で、デリダは二分法の原理を残しているので、排中律の中・第三のもの（ein Drittes）は、彼の考えの中には存在しない点がギュンターと異なっている。デリダによって考えられることは、結局、音声中心主義であるパロールをロゴス中心主義であるとしているので、文字言語であるエクリチュールを考えた。が、そこに間の問題が現成してしまっていることが極めて重要である。フランス語原典からドイツ語、日本語訳との間の相互依存はエクリチュール（文字言語）によって十分に考えられ得るのである。が、日本社会内で生活している我々にとっては、文字言語が重要になって来る。

補　足　デリダのヘーゲル的矛盾の解明

デリダの著書『エクリチュールと差異』（Jacques Derrida, *L'écriture et la différence, Éditions du Sevil*, 谷口博史訳『エクリチュールと差異』改訳版、法政大学出版局、以下頁数のみ）（特に最も長い論文「暴力と形而上学」）を取り上げて見たい。何故ならば、その和訳によって、デリダの考えがかなり明白に現れ、しかも和訳が如何に難しいかが分かるからであり、また訳者は非常に苦労していることが分かり、その限り深い敬意を表するが、また同時にドイツ語訳と比較すると検討すべき問題点がかなり在るとも言えるからである。

最も注意すべき間違いは特に古典ギリシア語である。それは例えば ἕκαστον ἑαυῷ ταὐτόν（*L'écriture et la différence* では p.186）であり（267 頁では εκαστον εαυτω ταυτόν であり、これは間違い）、ἐπέκεινα τῆς οὐσίας（存在の彼方）（同原典では p.127）（178 頁では ἐπέχειυα τής οὐσίας であり、これは間違い）、ἀγαθόν（善）（300 頁では ἀγαθόν）、δεινόν-τέχνη（危険な技術）（同原典 p.214 では τεχνη であり、これは間違い）（307 頁では δειόν-τεχνη で、これも間違い）、更に間違いではないが、問題になる訳語がある。それは、例えば上掲書の中の第十節にある science humaine という語であるが、谷口訳では、それは「人間科学」、ドイツ語訳では「Wissenschaften vom Menschen」（人間科学）であり、谷口訳と同じであるが、フランス語では、その語は「人文科学」であり、日本人にとっては

後者の方が分かり易い。序でに言うと、ドイツ語の人文科学は精神科学とも言われる。

　また、誤訳とは言えないが、ドイツ語訳の方が分かり易い箇所がある。

フランス語原文：Etant autre que soi, il n'est pas ce qu'il est. Il n'est donc pas infiniment autre, etc.

　　　　　　　Cet exercice, croyons-nous, ne serait pas, en son fond, verbosité ou virtuosité dialectique dans le « jeu du Même ». (*L'écriture et la différenc*, p.185)

谷口博史訳：「自分自身とは他なるものなのだから、それはそれがあるところのものではない。したがって、それは無限に他なるものではない、等々。

　　　　　　こうした練習問題は、我々が思うに、その根底において「（同）の遊び」の中での冗漫な言語遊戯や弁論のための妙技ではないだろう」（265 頁）。

ドイツ語訳：Ihm selbst der Andere, ist er aber nicht, was er ist. Er ist daher nicht unendlich anders, usw.

　　　　　　Diese Übung ist, so glauben wir, in ihrem Grund keine dialektische Wortspielerei oder Virtuosität im » Spiel des Selbst «. (Jacques Derrida, *Die Schrift und die Differenz*, suhrkamp taschenbuch, S.192)

　　　　　　「私（自己）自身にとって他人がいるが、しかし他人は他人であるものではない。従って他人は無限には他では無い、等々。

　　　　　　　私が思うに、その練習課題は、その根源において、自己自身が活動する際の決して弁証法的言語活動でも、妙技でもない。」

　私見では訳「自分自身とは他なるものなのだから」が、最も原文に近いと思う。谷口訳「それがあるところのものではない」は「他人は他人がいるという

ものではない」であるが、「他人がいる」の「いる」という存在論における否定を強調していると思われるので、文法通りではないが、「他人であるものではない」と訳して、「他人」の否定と取れるように訳すと日本人にとっては、それがヘーゲル的な矛盾だと理解し易いかも知れない。

　ドイツ語の拙訳では、「私自身にとって他人がいる」だが、こう言うと、ここでは他人ではないと言っているだけなので、自己自身の活動は冗漫な言語遊戯であると言っていない様に取れる。デリダはヘーゲルの『精神現象学』を批判しながらも高く評価している所があるので、*L'écriture et la différence,* p.185 で弁証法を「冗漫な言語遊戯」と和訳することもない。他の箇所ではすべて dialectique は弁証法と訳されているからでもある。

　Même が「同」と訳されているが、ドイツ語訳では、それは das Selbst（自己）であり、この訳をデリダは批判しているが（同原典 p.162、230 頁）、S.192 のドイツ語訳 Ich は Selbst であるので、同一でも差異でもある。この方が弁証法を知っている人にとっては分かり易い。

フランス語原文：Nous ne la（la pensée de l'être）disons pas non-violence pure. Comme la violence pure, la non-violence pure est un concept contradictoire. Contradictoire au-delà de ce que Levinas appelle « logique formelle ». La violence pure, rapport entre des êtres sans visage, n'est pas encore violence, est non-violence pure. Et réciproquement : la non-violence pure, non-rapport du même à l'autre（au sens où l'entend Levinas）est violence pure. Seul un visage peut arrêter la violence mais d'abord parce que seul il peut la provoqer. Levinas le dit fort bien : « La Violence ne peut viser qu'un visage »（TI）*.（*L'écriture et la différence,* p.218）

谷口博司訳：「存在の思考は純粋な非暴力だと我々が言っているのではな

＊　TI：E. Levinas, *Totalité et Infini.*（全体性と無限）

　い。純粋な暴力と同様、純粋な非暴力も矛盾した概念である。この場合の矛盾は、レヴィナスが「形式論理学」と呼ぶものを超え出ている。顔の無い存在どうしの関りとしての純粋暴力はまだ暴力ではなく、純粋非暴力である。それとは逆に、（レヴィナスが解する意味で）他に対する同｜ドイツ語訳はdas Selbst（自己）｜の非-関りとしての純粋非暴力は純粋暴力なのである。顔のみが暴力を止めることが出来るのだが、それは先ず顔のみが暴力を引き起こすことが出来るからだ。レヴィナスはそのことを極めて巧みに語っている。「暴力が狙うのは顔以外にはあり得ない」」（TI）（313頁）。

ドイツ語訳：Wir nennen es（das Denken des Seins）nicht die reine Gewaltlosigkeit. Wie die reine Gewalt ist die reine Gewaltlosigkeit ein sich widersprechender Begriff. Widersprülich jenseits all dessen, was Levinas »formale Logik« nennt. Die reine Gewalt, als Verhältnis zwischen gesichtslosen Wesen, ist noch keine Gewalt; sie ist reine Gewaltlosigkeit. Und umgekehrt: die reine Gewaltlosigkeit ist als Nicht-Verhältnis des Selbst zum Andern（im Sinne von Levinas）reine Gewalt. Ein Gesicht allein vermag die Gewalt aufzuhalten, zunächst aber, weil es allein sie hervorrufen kann. Levinas sagt das sehr wohl: » Die Gewalt kann sich nur auf ein Gesicht beziehen « （TI）. （*Die Schrift und die Differenz*, S.224）

　以上のドイツ語訳は和訳と大体同じであるが、矛盾の意味が不明確である。何故ならば、「純粋な暴力と同様、純粋な非暴力も矛盾した概念である」は、厳密に言えば「純粋な暴力は同時に純粋な非暴力であり、純粋な非暴力は同時に純粋暴力である」と言わなければ、矛盾にならないからである。ただ「純粋な非暴力」と言った時、既にそれが「純粋な暴力」であるという意味を持っていると言えないこともない。しかし、その場合、述語論理の述語が必要になっ

て来る。「レヴィナスは〈形式論理学〉を超え出ている」。と言っているような
箇所があるが、その矛盾は精密に言えば私の主張する背戻（Antipalon）であ
る。ドイツ語訳「純粋な非暴力は、自己と他人との関係が無いこととしてある
限り（レヴィナスの意味で）純粋暴力である。顔のみが暴力を止めることがで
きるのだが、しかし、最初に顔のみが暴力を引き起こすことが出来るからであ
る」。完全な非暴力が完全な暴力だという断定も、その文の前後関係から考え
ると、自己と他人との間にある顔が密接に関係していて、両人の顔の特定の表
情に基づいていることに注意すべきである。顔に関する鋭い独自の洞察は、ヘ
ーゲルの『精神現象学』の「人相術」（Physiognomik）からヒントを得たもの
であると言うことができる。

　谷口はヘーゲル『大論理学』の中の一項 Der absolute Unterschied（絶対的
区別）を「絶対的差異」と訳しているが、これは間違いではないにしても、通
常、『大論理学』の訳では「絶対的区別」であり、その次の項の Die Verschie-
denheit が「差異性」である。従って Unterschied を「区別」にしないと、
Verschiedenheit と混同する恐れがある。

　ところで、ヘーゲルの「絶対的区別」という項はデリダにとって極めて重要
な箇所であるがフランス語訳になっているので、精密に考えるためには、ドイ
ツ語原文の方が望ましい。

»1.Dieser Unterschied ist der Unterschied an und für sich, der absolute
Unterschied, der Unterschied des Wesens. —Er ist der Unterschied an und
für sich, nicht Unterschied durch ein Äußerliches, sondern sich auf sich
beziehender, also einfacher Unterschied. —Es ist wesentlich, den absoluten
Unterschied als einfachen zu fassen… 2.Der Unterschied an sich ist der sich
auf sich beziehende Unterschied; so ist er die Negativität seiner selbst, der
Unterschied nicht von einem Anderen, sondern seiner von sich selbst; er ist
nicht er selbst, sondern sein Anderes. Das Unterschiedene aber vom Unter-
schiede ist die Identität. Er ist also er selbst und die Identität. Beide zusam-
men den Unterschied aus; er ist das Ganze und sein Moment. — Es kann

ebenso gesagt werden, der Unterschied als einfacher ist kein Unterschied; er ist dies erst in Beziehung auf die Identität; aber vielmehr enthält er als Unterschied ebenso sie und diese Beziehung selbst. — Der Unterschied ist das Ganze und sein eigenes Moment, wie die Identität ebensosehr ihr Ganzes und ihr Moment ist.« (Hegel, *Wissenschaft der Logik*, 2.Teil, Ausg. Lasson, S.32f.) ヘーゲルの弁証法論理学に慣れていない人は、その和訳文を読んでも、極めて理解しにくい筈である。そこで出来るだけ分かり易く述べて見たい。ここで取り扱っている区別は、「1. それだけで自立している区別なので、絶対的区別と言えるが、そう述べられた時、既にそう言った人（Ich 自我）がいる。その限りで、その区別は自我のものである。このことが an und für sich（即自且対自）なのである」。この表現は、und が「即・同時に」である限り、表現形式としては単一であり、並列した意味内容としては分離である。が、こう述べたことが、またこう述べる外ないことがヘーゲルにとっては単一分離一如なのである。「2. 区別自体（＝区別$_0$）が自己（区別$_1$）に関係する場合、区別$_0$があると言われるだけで、そのメタ言語である区別$_1$が生起するのであり、数字$_1$を除いた区別という語だけだとすれば、これは「自己」であり、区別は区別（自己）の否定であり、数字$_{0,1}$が無ければ、同一の表現である区別だけだから、他者からの区別ではないし、区別の自分自身からの区別である。区別$_0$は、自己自身（区別$_1$）ではなく、自己（区別$_1$）の他者（区別$_0$）である。しかし、区別から区別されるものは同一性である。区別という概念は区別される物事があるから存在するのであり、区別される物事が存在するから区別という概念が存在するのであり、それ故、両者の相互依存（Inter-dependenz）が現成し、その限りで、両者は同一である。同一であるから区別は区別自身であり、同一である」。図、記号をも表す型表現（Morphogramme）とすれば、前述の区別$_0$と区別$_1$は U_0 と U_1 であり、

$$\{\forall (U_0)S(U_0) \neq \forall (U_1)S(U_1)\}_1 \wedge \{\forall (U_0)S(U_0) =_{kz} \forall (U_1)S(U_1)\}_2$$

を提示できる。ただし

$\forall(U_0)S(U_0)$：すべての U_0（区別$_0$）が存在する。

$\forall(U_1)S(U_1)$：すべての U_1（区別$_1$）が存在する。

Kz：数字なしとする。

｜ ｜$_1$ 内の型：第一階層

｜ ｜$_2$ 内の型：第二階層

「区別は単一なるものとしてあり、決して区別ではない」の意味は、第一階層と第二階層との連言において成立する。「区別は全体であると同じく区別自身の契機である」は $\forall(U)S(U)$ は全体であり、これの契機が $\forall(U_0)S(U_0)$ と (U_1) $S(U_1)$ である。

第 4 節　真理の位置（ウンベルト・マトゥラーナ）

　チリの神経生物学者ウンベルト・マトゥラーナ（Humberto Maturana）は、物理学者ヴェルナー・ハイゼンベルクがかつて表現した認識、即ち、我々が観察するものは自然自体ではなく、質問の我々の仕方が決める自然であるということを更に押し進めた。マトゥラーナによると、一般に実在として示したものは、観察者一般の操作によって、また、観察者一般を取り巻く環境現象の区別、限界、周囲、隔離によって先ず生み出される領域である。その様な操作から生み出されるものは、その操作によって既定された性質を持った対象である。認識は認識する者の認知的構造に依存している。その構造は時間の流れと共に変化するものであるので、認識されるものも変化する。以上の解釈は正に間に基づく相互作用（Interaktion）である。

　多間連性の観点から言えば、部分–全体の関係の積極的、生産的な考えがある。関連性の無い部分の異質性は、システム全体に対して異質的な間連、いわば対抗性（das Gegen-einander）である。マトゥラーナによるシステム論では、システムの個々の要素の間連体が考えられ、システムの個々の存立部分の異質性は、彼の理論内の結果であり、前提である。その結果とは、システムを一貫

して操作して客観的世界へ行く独特な入口であると理解してしまうからであり、しかも、それぞれ特有な世界の可能態と実在態との制約を述べてしまっているからである。だがその制約は観点を変えれば、即ち転間によれば前提でもある。

補足 生き生きしたシステム

　転間に基づく具体例として、マトゥラーナの考えている生き生きしたシステム（Maturana, *Erkennen*, S.35ff. 参照）を述べて見よう。そのシステムは、相互行為を持った多くの統一体であり、環境の中に存在し、また、自発的（exergonisch）新陳代謝、成長、内的分子複製（interne molekulare Reprikation）によって特徴付けられている。彼は「生き生きしたシステム」という項で、相互行為という語を繰り返し使っている。従ってそれは間における相互依存に通底している。それ故、温間創新によって、間から新たに生き生きしたシステムが造り出されるのである。

　マトゥラーナは Nische ｜ニッシュ、英語：niche（ニッチ）｜ という語が生き生きしたシステムに必要であるとしている。これは「各種の生物が占有するそれぞれに適した生息場所」、「生態の地位」という意味であるが、彼によると、ニッチは有機体を入れ得る相互行為のクラスによって決められる。環境は観察者を入れ得る上述のクラスによって決められる。ニッチは観察者との関係を伴って、環境の一部として現れる。だがニッチはニッチとしてある限り環境の一部ではない。またその環境は専ら観察者が認知する領域内にある。更にニッチと環境とは、観察者（この者が使う道具を含めて）と有機体とが間廊可能な構造を持つ範囲内でのみ交わる。しかし、この場合でも常に環境の諸々の部分は存在する。それもその筈、環境には、有機体の持つ相互行為の領域と交わる如何なる可能性も元々存在しないからである。そして、ニッチの諸々の部分は存在する。何故ならば、ニッチには観察者が有機体の相互行為の領域と交わる如何なる可能性も存在しないからである。だが生き生きしたシステムの構造は、一定

のニッチを有すると前以て言うことが出来るのである。そして、そう言われた
ニッチが有機体の相互行為のクラスの領域として有る限り示しているのは、そ
の領域が認知される実在全体であるということである。しかし有機体の相互行
為があっても、有機体の基礎にある環境状態により限定されているから、また
その相互行為が観察者の認知領域内にあり得るとしても、その相互行為は観察
者の認知領域外に留まっている（*Erkennen*, S.37）。

　さて、あらゆる現実態は主観に依存しているという見解は、現実態そのもの
を語ることを無効にする。単一の間連性（二値間連構造領域）である実在態は、
多間連性の配分になる、即ち、大地という単一の契機内の同質性が拒否されて
「色々な契機にとっての現実態」に置き換えられる。それ故、様々な文化はそ
れなりに様々な真理を持っていると言うことが出来る。文化における差異は、
客観的な実在態への様々な到達の仕方として理解されるのでは無く、むしろ一
定世界内の十分な相互行動（Interagieren）、または十分なコミュニケーション
行動（Kommunizieren）を必要とする。それによって寛容は、良識に基づいた
好意的な受け入れを意味するのではなく、異なった、だが平等である諸々の認
知領域を承認することとして現成する。

　非関連性と異質性とは、寛容を語ることを不可能にするのであり、様々な二
値のサブシステムを構成するコンテクスト内には収まらない、いわゆる人種差
別というような特異な固有態も出て来るのである。

　十分な操作、世界のそれぞれの特有な物事、非関連性、これらを厳密に考え
れば、それらの意味は個人に反照する。何故ならば、文化の多様性を様々に認
知する現実の表現として把握することが妥当するからである。従って、そのこ
とは個々の主観に対しても当てはまる。生き生きしたシステムは、自己に反照
するシステムであるが故に、各究極的な関係枠は、必然的に相対的なものであ
る。それ故、絶対的価値システムは不可能である。しかも文化領域内では、あ
らゆる真理もあらゆる偽（間違い）も必然的に相対的である。

　マトゥラーナにおいては、倫理的決断の唯一の基盤は、人間の主観に依存し
た認識領域である。何故ならば、その領域が二者択一の領域を決めるからであ

る。人間が自分の行動によって造ろうとする世界を人間は二者択一の領域から構成する。認識が倫理学を基礎付けるのでも、認識によって倫理学が基礎付けられるのでもない場合でも、倫理学は好みの領域として認識することに限定される。従って、我々は離れることの出来ない最終的結論を持つのである。その結論とは、すべての人間が同じ倫理学を受け入れ、従って、すべての人間に対する共通の経験領域が造られ得るのであり、しかも、この領域とは、人間において、正に再び類似した倫理的好みを産み出すということである。人間の文化的（倫理的）統一態に達するということは、科学の問題では無く、生きることのコツの問題なのである（*Erkennen*, S.37）。また、倫理的決断は二者択一の行動に係わる好みの表現である。

　以上の内容は、諸々の個人とそれら個人の世界との多間連性における差異に繋がり、法則の前で、すべてが等しいというのでは無く、法則はすべてに対しては等しくないということも現成する。

第5節　分化、統合、危機
（ウルリッヒ・ベック、ブルクハルト・ヴェーナー）

　自立が相対的であるサブシステムに相応して、社会は分化し続ける。このことが社会科学においては数多くの単一コンテクストとなり、同質状態を保つ思考が問題になり、しかも社会は相互に対立し競い合うサブシステムに分化されると言うことも出来る。だが、それと共に、如何にして全く新しい社会的総合が出来るかが問題になるのである。

　未来社会を実現するための多くの計画が出て来たために、全体を見通せなくなった新しい事柄を、ウルリッヒ・ベック（Ulrich Beck）は原子、ビット（コンピューターの）、遺伝子の領域より取り出した技術上の確実な概念から述べている（Ulrich Beck, *Gagengifte Die Organisierte Unverantwortlichikeit*, S.9.）。しかしながら、印象深いのは、彼が『危険社会』（*Risikogesellschaft Auf dem Weg*, in eine Andere Modern edition suhrkamp）を詳細に論じて、システム、時代の変

化を次の三つの領域に分けて述べている点である。即ち、①産業社会とこれが消費する資源との関係、②社会とこれから生み出される危険、即ち、これまで社会を秩序付けていた根源的基準を覆してしまう危険との関係、③包括的な意味の拠り所が使い果たされてしまって、個別化することになる過程。

　私が『危険社会』で特に注目するのは「第三部、第三章の科学（学術）は真理、啓蒙の彼岸にあるのか？」、副題として「科学的、技術的発展の反照（Reflexivität）と批判」の中にある反照である。Reflexivität は通常、再帰性、内省と訳されるが、私は反照にする。内省、反省にすると単なる主観主義になってしまうからである。それでよいという考えもあるが。それにしても、Reflexivität を Reflexion へ、即ち、一方から無関係に思われていた他方への運動とその逆運動へと転間するものと私は考える。蛇足ながら、ヘーゲルの『大論理学』にある Reflexion も同じ考えで反照としたのである。ベックが「科学化の客体は、異質的な科学的解釈をすれば主体となる」（*Risikogesellschaft*, S.257）と述べている所も反照として考えたい。危険状態の反照も例えばチェルノブイリ原発事故に当てはまる。ロシアのウクライナ侵攻も反照問題の一つであると言えよう。科学技術の発展の結果として人間にプラスになるとして出現した原発も、悲劇的なマイナスとなったことも反照の実例である。

　また、発達した社会の特徴として挙げられ得るものとして、自己参照（Selbstrefernz　私見では自己反照、自己自身に跳ね返って来る事）が挙げられ得る。構造上限定され、自己自身を制御するシステムは、これの環境から決定されるのではなく、その環境と交換し合う危険となり得るのである。そのシステムは自己参照と他者参照との交換運動である。従って、どんな社会上の出来事も多関連性の事柄である。社会上のサブシステムはそれだけでは全体の問題を表すことも、解決することも出来ない。それ故、一方が他方より先在するということはあり得ない。例えば経済が政治より先に有るとか、その逆で有ると言うことは無い。社会上のサブシステムの広範囲にわたる分化運動の流れの中で、自己参照する社会上の部分領域のネット化された形態、社会的異質状態がますます増大して来るのである。

　広い社会システムの進化は、大きな重荷、危険、危機の問題を産み出す。従って、発達した社会においては、これまで制御されないままになっていた進化の流れを文明化するという課題が制御されるようになって来た。が、このことは二値論理学の方法では確実に解明できないのである。

　政治に対してブルクハルト・ヴェーナー（Burkhard Wehner）は国家の構成の新しい形式を考えた。世界国家（Universalstaat）はあらゆる物事に対して権限があり、従って、システム化できると過大評価されている。これに対して、その国家を分散させて組織化した個別国家（Spartenstaaten）があるが、これは国民の自由意志によって成立し、また、いつでも解消し得るのである。更に、その個別国家は、地理学から言うと、それなりに限定されていて、また、国家空間と国民から言うと、両者が一つになっているわけでもない。例えば、通貨が重要であるために成立している個別国家は、文化政策が重要であるために成立している個別国家とは異なっている。従って、どの国民も幾つかの異なった部分的に重なり合った国家構造領域に関与するのである。ギュンターの場合には、多層の形式的、空記号の計算可能なものが、ヴェーナーの場合には、政治理論の実体的な内容の有る構築物としてある。

　広範囲の住民が政治を理解する上で出て来る危機を、ヴェーナーは次の点に基づいていると見ている。即ち、それは、一方では、社会の複雑さ、活力と、他方では、これらに帰属する政治的システムとが一つになり得ないということである。現存の国家の政治システムは、国民の不満に対抗する。が、この不満が強力になれば政治に確実に関係して来て、デモクラシーに基づいて、選ばれた大統領、あるいは、国会において選出された首相の失脚にもなって来る。

　ヴェーナーは、歴史上生き残れるような世界国家の単一構造理論を実際に解明しようとした。しかし、その国家の解明は、部分的には既に過去において取り掛かられていたのである。全く新しい、実際には使えないような方策が専門家によって取り入れられ、その人の決断に依存するものだけが表されるようになっていた。そこで世界国家という統一理論作成に関する様々な要望は、最早、その国家の原理の中には採り入れられないで、あらかじめ規制されたデモ

クラシーの方法の中へ採り入れられるようになってしまっていたのである。ところで「世界国家はあらゆる物事を無理矢理に決断するか、あるいは、どんな物事をも決断しないかである。しかも、その決断は古い争いの代わりに新しい争いのみをしばしば引き起こす。……この災いに満ちた傾向は、世界国家の崩壊によってのみデモクラシーに満ちた個別国家により乗り越えられ得ると考えられる様になったのである」（Burkhard Wehner, *Nationalstaat, Solidarstaat, Effizienzstaat*, S.146）。このヴェーナーの表現は、ギュンターによる古い二値論理学に基づいた考え方でなく、多関連値論理学に関連、転間していると言える。

第 6 節　超越論的問い（イマヌエル・カント）

　カント（Immanuel Kant）によれば、あらゆる物事を経験する主観は、個々人を超えた、個々人より先在する形式、カテゴリーを持ち、彼はこれらをアプリオリと呼んだ。経験的主観は超越論的主観を構成する。超個人的実在は先ず第一に数学、論理学、純粋物理学においてある。

　しかしながら、ヒュームの関心の中心には、個人、つまり経験的主観における認識能力があるので、厳密な意味での普遍的な、アプリオリに妥当する命題に対して認識論上如何なる態度が取れるかという問いに答えようとする決心がヒュームにはないのである。このことから離れてカントは人間の悟性を認識論の中心に置いたのである。カントはヒュームが重要視した経験的主観と超越論的な、経験を超越した主観との間に境界線を引いた。超越論的主観の意識が明示した物事の中では、思考する（経験的な）あらゆる主観は同一なのである。超越論的意識も、カントが言っている様に、すべての意識の中では全く同一である。カントの場合、アプリオリ性は心理学上の特質ではなく、認識論上の特質である。客観的認識が存在するならば、身体から離れた悟性能力も存在しなければならない。経験的主観は身体存在者としては相互に異なっている（voneinander verschieden）が、悟性存在者としては相互に同じである（einander gleich）。このことは一応、間に基づく間介であり、間廓である。

第7節　間主観性（ノルベルト・エリアス、ジャン・ピアジェ、
ジョージ・ハーバート・ミード）

　上掲者達は異なった領域においても、異なった方法を考えても、類似した問いを立てている。思考形式と行動方法が個々の主観から発生することが問題なのである。何故ならば、その主観は普遍的性質を端的に持っているからであり、また社会を構成するからである。従って、これらの事柄はギュンターと類似したテーマを持っている。

　ところで、カントの超越論的主観の認識論的表現は袋小路に入ってしまう。このことをエリアス（Nobert Elias　イギリス国籍を持つユダヤ系ドイツ人。社会学者、哲学者、詩人）が述べている（Norbert Elias, *Über den Prozess der Zivilisation, soziogenetische und psychogenetische Untersuchungen*, Erster Band. 参照）。その概要は次の通りである：homo clausus（閉ざされた人間）という哲学的フィクションは拒否される。何故ならば、その人間は既に成人として生まれてしまっていて、両眼を開き、認識を全く自分自身から獲得すると見なされているからである。

　さて、人間となる過程は二重となっている。その内の一つは、成長して行く過程としてある個々の人間であり、他は、人類発達の過程としてある人間集団である。エリアスにとって、人間は、心理の面から成人して行くのであり、しかも個々人の文明過程の中にある。文明化された社会の中で成長、成人となるのは、幾世紀にわたる社会の文明化の結果として小さい時に既に影響、支配されてしまっているのである。文明化された社会の中で成人となり慣習を持つようになる心理から発生することは、社会から発生する文明化を取り除いて考えるならば、理解出来ないのである。社会において発達する極めて重要な領域が心理の発達する中で繰り返されるという考えはピアジェ（Jean Piaget）にもある。この場合、自分で発見する豊富な研究仮説は問題になるが、科学的事実についての発言は問題にはならない。ところで社会から発達する局面は、人類と

これの環境との対決（Aus-einandersetzung）において如何なる状態でなければ
ならないのだろうか。

　エリアスは、社会からの発達を文明化する過程として記述する。内面化する
心理上の発達は、社会という外からの強制力を受けて、文明化する過程と成る
のである。強制力や規範の内面化をエリアスは述べたが、それらは今日機械シ
ステムに委ねられることになる。とにかく、エリアスによって系統発生的に議
論された内面化の過程は、ピアジェやミードによって個体発生的な次元の中で
研究されたのである。

　ヒュームは人間の表象力を導く三つの原理、即ち、類似、時間空間の関連、
因果性、これらの原理について語った。これらの原理は普遍的であるので、そ
れ以上の広範囲にわたる説明は出来ないのである。だが、このことに彼は満足
しなかった。カントはヒュームに対決して時間、空間を純粋理性の直観形式と
した。そして、これを悟性はアプリオリに自由に使い得るのであり、従って、
その形式は、因果の原理の様に事実、物、出来事に適応できるのである。四つ
の概念、即ち、質、量、関係、様相というカテゴリーと判断、規則との助けに
より、感覚的知覚の対象を考え把握することが悟性にとって可能となるのであ
る。

　ピアジェは純粋悟性、論理学、数学、これらの最高度に発展した形式構造を
概念的道具として利用した。その結果、人間の思考方法、行動方法の構造や発
展を示すことが出来たのである。そして、カントの言うアプリオリは、先の方
法の必然的な構造形式を発展させて行った終わりになってようやく取り上げら
れ得たのであって、その始めから既にあったのではない。

　さて、ピアジェは人間の心理的発展を 4 段階に分けた。生まれて半年の終わ
り頃、出て来るのが、主観と環境との間の感覚と運動との協力関係（sensomo-
torische Beziehungen）であり、これは単なる反射行為を超えた言語能力習得前
の知能の根源を造り出す。その協力関係の時期（2 歳までの）に操作行為前段
階の時期（2 歳から 7 歳まで）が繋がる。その時期は、言語の習得から、シンボ
ルを画いたり、概念になる前の段階の思考訓練を超えて、直観的思考の訓練の

段階にまで広がる。具体的に演算する時期（7歳から12歳まで）には、子供は具体的な客体を伴った思考内で、或いは、具体的な客体の表象内で演算することを学ぶのである。だが、その思考は自分の具体的経験に制限されている。抽象化することは、まだ出来ない。形式上の抽象的演算をする時期あたり（11歳）から成長する人間は、本格的に演算することを学び、乱雑な個々の状態の集合体の背後にある普遍的な法則を表現することを学ぶのである。

　以上のことから、個人とこれを取り巻く社会的環境との交換は、個人と環境との相互作用（Interaktion）であると言える。

　アメリカの社会心理学者、哲学者、思想史家であるジョージ・ハーバート・ミード（George Herbert Mead）の主要な着眼点は主観と社会環境との相互作用（Interaktion）なのである。彼にとって、精神は社会的過程を個人の中へと取り入れることに他ならない。社会的過程は時間から言って、また論理から言って、意識される個人に認められる。また、精神は社会的過程から生じ、その過程内で発展し、しかも社会的相互作用を経験する母体から発展するのである。従って、人間の認識能力内で普遍的なるものは、我々人間の生物学内には存在し得ないのである。更にミードの考えの概要を述べると次の様にもなる。我々が見るすべての物事は、普遍的な概念内で表現される。だが、どの人間も独自の感受性を持っている。それ故、例えば、一つの色が或る人にとって赤であるのが、他の人にとっては紅に見えることもある。そこで普遍性になる物事に対立して、有機体独自の特殊性に還元されてしまう区別があるとも言える。また例えば手話は手指動作と非手指動作（NMS non-manual signals）を同時に使う視覚言語があるが、これは単なる物理的動作ではなく、本質的に社会現象である。思考法則は社会上の色々な関係を抽象化したものなのである。

　ミードにとって、思考法則は社会的な色々な関係を抽象化したものである。抽象的思考、これの技術、方法は、結局、社会上の本性であり、また論理的世界は共通の社会的意味システムである。精神が進化して来たのは、社会内での経験過程、行動過程全体がこれらの過程に係わる各個人の経験の中へ持ち込まれた場合である。しかしながら、精神の出現に対してミードの挙げた条件は、

どの社会に対しても通用するわけではない。また、彼の著書『精神、自我、社会』を、彼自らが「三項関係」と言っているが、それは明らかに「三値論理学」に繋がり、ギュンターの論理学に間連、転間する。ところで、ミードはreflection という語をしばしば使っているが、彼にとっては「内省」であるので、私が主張する「反照」より狭い意義領域である。ミードの研究は社会における人間の心理学、つまり社会心理学であるので、ギュンターの多関連値論理学とは異なっているが、かなり多くの類似点もある。また、その「内省」は私の主張する「間論　Interlogie」の中の das Inter, das Einander に含まれる。ラテン語の intercido は「切り離す」という意味であり、interjungo は「結び付ける、連結する、間に置く」という意味であり、更に intersum は「間にある、異なっている、関係がある、重要である」という意味であり、間論に密接に結合している。また漢字の「間」は「隔てる、交える、係わる」である。その限りで、これ等の意味、意義は私の強い関心（interesse）となる。蛇足ながら言うと、sum は一人称、単数形であり、それの esse は不定形である。従ってそれらの原意から言って、それらは同一の語である。

　さて、ピアジェは形式的思考を思考の最高段階とし、そこにある単一構造領域が唯一の形式であるとした。しかしながら、ギュンターはその考えを否定したのである。そこで、一応結論として言えることは、次の通りである。経験する主観は、純粋な思考の普遍概念と形式とを、その主観の物理的、社会的環境と対決すること（Auseinandersetzung）とするのである。カントの超越論的主観では解決できない。何故ならば、それは経験する主観に対して確実に当てはまる純粋思考を如何にして前以て持っているかという問いに答えていないからである。

第 8 節　思考形式と商品形式（アルフレート・ゾーン-レーテル）

　この人は今まで述べた人達とは違った角度から一歩進んだと言える。彼は主観や思考の論理的形式の成立を、社会的環境の中から出て来た商品という形を

通して考えたのである。しかも、西洋の思考方法を絶対化する要求が否定され、商品は歴史上特徴のある思考形式を可能にすると見ている。同時に、論理のこの形式が長続きすると考えられた（*Geistige und Körperliche Arbeit*, Teoretische Schriften 1947-1990, Teilband 1 ça ira Verl. 参照）。

　ゾーン-レーテル（Alfred Sohn-Rethel）によると、超越論的意識が社会から発生するということは、その意識の根源を、色々な人間が相互に（aufeinander）関係し合っている仕方で、また、それ等の人間が個人的行動をジンテーゼとしての社会的行動にするという仕方で、社会内に具体的形を表すが、また、色々な人間は再び個々の人間に戻って働くという仕方で、社会内の具体的形を持っている。それにしても、社会的なジンテーゼの様々なタイプが考えられ得るし、歴史の中で示し得る。しかし、一つのタイプだけが純粋思考の形式をもたらしたのである。何故ならば、その形式こそ超越論的意識内にこれまでの中で最高の特質有るものを見出したからである。つまり、それは商品交換によるジンテーゼである。ゾーン-レーテルの場合、商品においては、物理的な物が変化することでは無い。商品交換は、社会内で認められた単なる所有権の移動を目的とする行動であるが、また、この行動は実在する出来事でもある。それ故、それを彼は実在的抽象化と言うが、商品の交換行動そのものは実在する内容なのである。商品の抽象化は、その根源を我々の行為内に持つのであって、人間の思考内に持つのではない。その行為には経済の価格概念が結合している。これは社会的本性であり、その根源を人間相互間の取引関係の中に有するのである。この行動が抽象化を産出するのである。

　商品交換は抽象的である。何故ならば、その交換は商品の使用とは異なっているだけでなく、時間の点から言えば、両者は分離されている。交換行動と使用行動とは相互に排除し合うのである。ゾーン-レーテルは言う：商品は、交換行動の対象であり、市場に左右される。その限りで、商品は使用に注目してはいけない。交換する時には、商品は完全な物理的不変化の状態にある。何故ならば、交換行動は商品の社会上の位置を変えるからである。交換が行われる時には、抽象的である。つまり、例えば、金塊そのものと貨幣そのものとは何

の変化もしていない。その抽象化はこれの根拠を人間の行為に依存し、人間の思考に依存しているのではない。その行為は、人間が自然に、即ち、人間の物理的環境に、順応するということではなく、社会環境に順応するということである。また、交換における抽象化は、交換客体を感覚により経験出来る状態内では、その抽象化にふさわしい物事は見出せないのである。交換しようとする二つの商品は同形ではなく、等値なのである。換言すれば、数学的等値概念の基礎が社会から発生するということである。純粋数学的思考がそれ特有の論理学から現れるということは、人間の共同生活の歴史的発展段階の中から期待できるのであり、その共同生活の中で商品交換は、社会的ジンテーゼの原理となり、また、貨幣の導入、拡張によって発展するのである。

　交換行動の実在抽象化は精神を思考抽象化に駆り立てる。論理学は精神の貨幣になる。ここから推測されることは、古いギリシア文化と後の市民文化との間に大きな類似点があるということである。

　交換行動をしている間に使用行動を排除するということと市場における商品の完全なる物理的不変状態というフィクションとは、それらに潜む等値関係が社会から発生するという意味だけでなく、商品交換の際に持つ抽象力に内在する諸原理、特に、時間と空間、原因と結果、本質と現象、これらも社会から発生するという意味を有するのである。それらの思考形式、思考カテゴリーは文明化された人間の間で、つまり、商品交換と貨幣とが何であるかということを知っている人間の間で理解されるのである。こうして、人間は機械的思考の概念に注目して来る。それは純粋悟性の概念、原理である。これらは人間の思考内にのみ実在するが、その思考に由来していない。それら概念、原理は前以て構成されていたものであり、これがカントの超越論的と呼ばれたものである。が、カントはその構成されていたものを意識、知性、精神へと移してしまった。これに対してゾーン-レーテルが考えたものは、歴史的自然であり、社会的存在の一定の形式に帰属しているものである。その中で人間の純粋悟性活動が今日、機械、特にロボット、AI 等の科学技術の研究の深化、これらの根拠解明を進めて行くこととなるのである。このことを説明し得るためには、次の

二つの可能性がある。その一つは民族であり、これは、純粋思考の形式が商品社会に対して典型的に自由に使える様にはその形式を自由に使えない。現代の文化人類学によって可能となった様な民族についての知識によって、また、上述の純粋思考の形式との対比によって、文明化された思考の独自性が問題無く受け取られるが相対化されてしまう。その仕方は重大な欠陥を持っている。通常、我々が関心を寄せるのは、未開人の思考、未開思考なるものが歴史の中で克服される段階のものとしてあるということである。社会より発生する未開人から文明化への過程があり、これは既述したピアジェによる個人の心理的発達過程に類似している。こうして、文明化された思考の形式の相対化があるのだが、しかし、まだその問いは出されていない。

　それにしても、二番目の説明をする可能性は出て来た。文明化された思考の形式、カテゴリーは、歴史の中で見通せて、選択できる企画を立て得る段階に来ている。何故ならば、社会的ジンテーゼの形式はその企画の根拠にあるのだが、その形式が歴史の中で終わりに達していて、そのジンテーゼが人間の思考に強い力を与え始めているからである。我々は獲得社会から生産社会へと移っているのである。無制限に商品交換の基礎にある社会的ジンテーゼの働く時期を、ゾーン-レーテルは1880年の終わりまでとしている。従って、その時期は、ゴットロープ・フレーゲ、アルベルト・アインシュタイン、マックス・プランク、これらの人の画期的業績が現れる前である。1880年以後社会的ジンテーゼの状況が根本的に変化し始めたのである。即ち、現代の化学、電気工学、電子工学、情報工学の発達と共に工業生産は応用科学である。科学技術においては、自然認識は直接社会的活動となる。科学技術は社会への実用化であり、実用化される社会である。現在の科学技術においては、人間と自然との対決の一定の発展段階があるが、生産方法の経済的内包と科学技術的内包との関係は新しく熟考されねばならない。従って、経済学と科学技術とに対する共通の概念が必要なのである。

　ゾーン-レーテルによると、二つの発展方向による状況が明示される。その一番目は、増大する範囲（世界市場）とコミュニケーションによる市場制圧（カ

ルテル化、創造、国家に限定することと超国家に位置付けること）である。伝統的な政治経済学の対象である局面を、彼は市場経済においてか、それとも権力政治において、発展する構成要素として示した。が、彼にとって比較にならない程重要なものは、二番目の状況、即ち、生産方法そのものの変化である。それを彼は発展の内的構成要素とした。これは結局社会的ジンテーゼの新しい形式を引き起こした。即ち、それは新経済学、つまり時間の経済学である。これはその根拠を科学技術の中に持ち、これによってその経済学が変化されて行くのである。生産過程は科学的実験の場合の器具の配列を真似している。その生産過程内に、すべての経済学は経営の出来事に帰属しなければならない。それは最小部分の出来事に至るまで、空間的に、とりわけ、時間的に連続して行くシステム全体になっている。すべての物事はよどみなく相互に繋がって空間的に、特に時間的に連続する生産過程の原理が現れている。現代の生産過程における時間経済学は、市場経済から出て来るのではなく、生産過程に内在するのである。その過程は一体化された全体である。大きいにせよ、小さいにせよ、経営する能力は、これの時間経済学における特殊な最良条件を満たすためには、その能力にふさわしい科学技術の構造を必要とする条件なのである。生産構造が持つ科学技術上の固有法則は、市場経済の調整能力を持つ有効性をますます大きく制限することになるのである。

　科学技術上の生産過程の自動式化は、様々に行われ得るし、また、徹底して色々柔軟に自由に処理出来るし、更に、流れる過程の自動化（散乱した荷物、液体、ガス、これらの自動処理化、流れ作業化）が必要であるかどうかに関係する。こうして、より新しい企画構想の中に、柔軟な領域を生産内へ採り入れ、理論的に基礎付けることが試みられる。このことは、ギュンターの多間連性システムに繋がって来る。

　ゾーン-レーテルが特有な生産過程に集中している間に、彼の立場は別の仕方で間接的に強められることになる。即ち、生産論理学の広がりは、企業を超えて広がる関連、流通、サービス業の分野へと拡張し強められる。商品経済システム、記号論理学、just-in-time生産（トヨタ自動車の生産方式）、フレキシ

ブル生産（市場の激しい変化に対応できる柔軟性を持った生産）、最適な最終生産
物を製造する企業努力（Verringerung der Fertigungstiefe）等々は、包括的に言
えば、市場諸関係の産業化として示される過程の切っ掛けである。この発展の
推進力は、個々の企業を合理化させる戦略に係わっている。合理化の努力は、
だいぶ前から特有な生産に集中していた。が、その後、個々の生産の歩みの間
に、合理化の強い態度が出て来たのである。その態度は運送の道路、貨物の倉
庫管理、入手、販売等々を目指した。それはそれとして、一般的に言えば、
我々は配分と職務遂行の領域において、合理化の波をかぶったが、その波がい
つ来なくなるかは分からないままなのである。

　貨物の移動に集中することは、企業内の領域への展望から企業相互間の領域
へとずれて行く。貨物の移動は、企業の限界内に留まらないで、経済全体にお
ける移動なのである。経営、或いは企業は、原料の製造から消費者に至るまで
に、その都度、貨物の価格を設定するいわゆる道の駅である。貨物の流れを制
御するのに絶対必要なことは、貨物の道を様々な企業によって建設することで
ある。たとい個々の経済が基盤にあったとしても、企業を超越したメタ構造が
生じて来るのである。この場合、交換関係の制御が社会内で行われるので、パ
ラドックスの状態が出て来た。即ち、それは、これまでの計画経済を一応満足
させて、発展させて来たが、しかし、同時に、その経済を破壊させるための欠
陥が出て来てしまったのである。

　散乱しているものの集約を産業化するための技術基盤は、コンピューター技
術に展開して行く。その基盤とは先ず、複雑化したデータを整理するという状
態であり、そして、そのデータは貨物・商品の把握、制御するための道が必要
となって来た。消費領域から見て商品の独自性を示す一例は、EAN-コード
（13桁または8桁の数字により構成されたコードであり、これは幅の異なる白い隙間
と黒いバーで表現され、商品にマーキングするもの。バーコード規格の一つ。）であ
る。

　商品の独自性は、末端販売の場から問屋を通すか、または、在庫品を通し
て、製造業者に至るまで、保たれていて、しかも製造と消費とは、相互に流動

的、能率的であり、フィードバックするのである。末端販売、問屋、通運、製造は、組織化された統一態の傾向を持っている。が、それらは独自性を捨ててしまっているわけでもない。

　ここで目立ち始めているものは、商品経済システムであり、これは、これまでのシステムとは異なった基盤に基づいていて、しかも、異なった特性を持っている。これまでのシステムは、価値である。自立的企業、独自な会計に基づいて生産する企業、或いは取引をする企業、これらは市場を超えて相互に結び合っている。価値は、それらの企業間の交換を媒介していると同時に、企業の経済的限界を決めてしまっている。何故なら、企業は法律によって決められているからである。システムのネットワーク化という関連は、使用価値の独自性に基づいているが、そのシステムを容易に超えることが出来る。もちろん前提されているものは、科学技術、情報工学、伝達工学であり、更に他のネットワーク化も可能である。

　そうであるからと言って、市場は、不用となるわけではなく、別の意味を持つのである。社会上必要であり影響を与える範囲の必要条件は、例えば、西暦2000年前後の頃、宇宙旅行への投資は、市場によって決められなかった。競合し合う科学技術の行動に関して、市場比較から生ずる成果とは、別の観点から、決定行動を見出すということがある。とにかく、西暦2000年前後の頃の宇宙旅行状況は、社会生産の有効な規定を持っていなかった。市場経済は、その機能を見出せなかったのである。

　商品交換による社会的ジンテーゼは、他のジンテーゼの諸原理に従うところの一つの社会形成から引き離されるにつれて、新しい論理学が生じなければならない。このことがゾーン-レーテルとギュンターを結び付け得る内容なのである。ところで、ゾーン-レーテルの著書『精神労働と肉体労働』(*Geistige und körperliche Arbeit*) は、2018年に再販されているが、その概略を紹介しよう。「時間に無関係な絶対的真理の規範の下にあるすべての体系的哲学は、意識的にせよ、無意識的にせよ、社会階級の擁護を目指しながら進んで行き、語られ得る。そして、時間に関係無い妥当性を要求する思考カテゴリーは、決して手

仕事（労働）から離れることは無い。しかも、その手仕事は時空間一体においてある。科学的認識だけが時間に結び付いた真理の規範の下にあり、その理論は手による仕事と頭脳による仕事との最終的な統一に役立ち得るのである。だが、この様な理論は弁証的でなければならない。何故なら、その論理学は時間に結び付いた真理、つまり弁証法に他ならないからである」（上述書の裏表紙）。この文章にはマルクス主義者であるゾーン-レーテルがその著書内でしばしば語る唯物史観、唯物論・物質主義という言葉が全く出て来ない。ということは、ギュンターの『技術哲学』にとって、それらの言葉は重要ではないということになる。上述文内で時間の論理学は弁証法だけにあると書かれているが、記号論理学者、杉原丈夫が優れた『時間の論理』を出している。だがこの書は分析哲学の考え方を基盤として、二値論理になっている。従って、当然、私見の弁証法的矛盾ではない背戻（Antipalon）は考えられていない。杉原曰く：「時間が連続的である場合、ゼノンの難問はかなり困難になる。時間が離散的でないから、時間はいくらでも小さくなる。従って空間においてもどんな近い距離の所へでも到達し得る。そこでゼノンの第一の難問「出発点から到達点に至るためには、先ずその半分の地点に至らなければならない。その半分の地点に達するためには、半分のまた半分の地点つまり四分の一の地点に至らなければならない。これが無限に繰り返されるから、何時まで経っても出発点から動くことが出来ない」」がある（杉原『時間の論理』65頁）。「この難問を切り抜けるには、運動の本質を弁証的矛盾に求めるより他ない。二点間の距離を二分の一、四分の一というように無限に縮小していっても、それはゼロにはならない。しかしその極限においてゼロにならなければ、出発点から他の点へなめらかに移動することは出来ない。分割法を無限に続けるとき、極限において二点間の距離は無限小になる。<u>極限とは終わりのない終わりである。無限小とはゼロでないゼロである</u>」（同72頁）。下線部分の文がアリストテレスの述べる矛盾律を侵しているかどうかである。微分に関する弁証法の矛盾はヘーゲルが既に論じている。それは、正に私の言う背反（Antipalon）である。例えば $\lim_{x \to 1}(x+2)$ に $x=1$ を代入すると $x+2=3$ なので、$x+2$ は 3 に限りなく近づくこと

になる。この 3 のことを、x→1（x の値が限りなく 1 に近づく）の時、極限値と言う。限りなく近づくことが極限なのである。従って、それは精密に言うと 1 ではない。あくまでも x→1 であって、x＝1 ではない。x→1 を x＝1 にすることは謂わば量から質への転換、即ち、限りなく近づいていながら、到達してしまうことなので、いわば矛盾であると言うのであるが、そこに観点の相異があるので、アリストテレスの矛盾律の矛盾ではなく、私の言う背反である。「無限小はゼロではないと、同時に、ゼロである」という命題は矛盾であり、偽である。杉原の言っている弁証法的矛盾は、「同時に」でなく、時間差を前提にしているので言えるのである。即ち、無限小という量の観点を、一定時間経てから、ゼロであるという観点に替えているのであり、いわば量の観点を、これとは異なった質（極限＝0）の観点に替えているのであり、このことが背反なのである。杉原がヘーゲルの矛盾を認めているということは、私の言う弁析法（argumentative analytische Dialektik）を認めているということになる。

　ゾーン-レーテルは *Geistige und Körperliche Arbeit*（精神労働と肉体労働）内の「十五　頭脳と手との社会的統一および》新しい論理学《」（S.404）で表題通り新しい論理学を造るべきだと主張する。彼によると、アルベルト・アインシュタイン、或いはマックス・プランクの様な名前に結び付く物理学上の世界観を考えているわけでもない。彼は人間と技術とにおける生産機能を計量操作して統一する論理学を考えている。また、彼にとっては、自然科学の思考形態を社会的ジンテーゼの発生、成立の証明へと変えることが必要なのである（同 S.407 参照）。

　しかしながら、現在ではそう簡単な状況にはなっていない。例えば、ロシアのウクライナ侵略前のサイバー攻撃はサイバー戦争とも言われるが、これは簡略して言えば、インターネットおよびコンピューターによって行われる戦争行為である。ウクライナへの侵略がロシアの予想通りにならない原因の一つとして挙げられるのは、強固な防御力である。これを与えている企業は、2000 機以上の衛星通信網「スターリンク」を擁するアメリカの宇宙企業スペース X である。この企業は低コストロケットを売りにして商業衛星の市場で大きいシェ

アを獲得して来たのであり、また、その企業によって、人工衛星を利用したインターネットの高速通信システムも開発された。「スターリンク」が無ければウクライナは負けていたかも知れない。が、それは平穏のためのものが戦争のためのもの、また、戦争のためのものが実は平穏のためのものだったのである。ここに間における反照が生起している。

　「スターリンク」は新しい意味での商品と言えよう。そして戦争するための科学技術と政治、経済等とにおける勝敗が平和への社会的ジンテーゼとなるとしか言いようが無い。それにしても勝敗でなく両国が納得する状態があれば、それでもよい。とにかく、ロシアは権威主義ではあるが、形の上では権威主義に基づいた民主主義であり、民主主義に基づいた特称的権威主義ではない。ロシアは結局軍事力実行が優先していることも確かである。軍事力優先で後から民主主義的な多数決でクリミア半島をロシア領にしてしまったことに関して、国連総会決議では 68/262 の多数決でロシア領化は否決されたが、このことは常任理事国のロシアの反対で認められていない。ということは、ロシア領になってしまったクリミア半島をウクライナが攻撃したならばロシアの軍事力がどう働くか、ここでも勝敗の問題が出て来る。ロシアがウクライナ侵攻を辞め、ウクライナの外に出ることが勝敗無しで出来るであろうか。遅かれ早かれ決着が付くことだけは間違いない。このことは必然であるが、偶然でもある。何故ならば、その時の状況によって色々な決着の仕方が偶然出て来るからである。

第 9 節　人工頭脳、シンボル処理、間論（Interlogie）、多間連性

　ギュンターはヘーゲル哲学から離れて、アメリカの生物学コンピューター研究所（Biological Computer Laboratory：BCL）において仕事をしていたので、色々な科学者と接触し、刺激を受けた。その BCL は、生命と知能との現象を研究したり、それのモデル化をしたり、技術的にシミュレーションすること、これらを課題としていた研究センターの一つであった。そこで行われた学際研究が明白になっているのは、サイバネティックスが取り上げられるようになっ

てからこの方、精神科学と自然科学との古典的分類が無効になって来ているということである。この様な思考の足跡は、西洋の精神史において既にこれまでとは違った別の位置 ¦これはギュンターの位置論理学（stellenwertige Logik）に間係反照している¦ に見出せる。それは例えば、循環運動をするヘーゲルの弁証法、ハイデッガーの型枠（Gestell）思考、デリダ独自の弁証法の考察、フロイドの精神分析（Psychoanalyse）、これ等の中に見出せる。

　人工知能（Künstliche Intelligenz）（KI，英語：AI）の領域内で主観的行動構造を再生産するという試みは、基礎理論へのアクセスを必要とする。そこで自己内への反照論的、認識論的前提が問題になり、それと共に哲学の基盤が出て来る。例えば、どんな仕方で人間は世界を経験するようになるのか、また、どんな関係において思考と存在とが理解されるのかという問いが出て来るのである。これらの基礎を熟考することは、現今の AI-論議が行き詰まって袋小路になってしまうよりも必要であるかも知れない。AI の実用化、産業化によって、ロボット、デザイン、コンピューターの科学技術における成果が目標とされるならば、認識に係わる構造、能力を機械化する根拠が明確にされることが重要であり、その場合には、いつでも、理論的領域に反比例することが現成するのである。

　次の二つのモデル、ないしパラダイムが AI 研究を 1980 年 90 年頃支配していた。その内の一つであるシンボル処理のパラダイムは、アメリカの初期の人工知能研究者、アレン・ニューウェル（Allen Newell）、および、アメリカの政治学者、認知心理学者、経営学者、情報学者の思考枠組内にあり、またノーベル経済学賞受賞者ハーバート・アレクサンダー・サイモン（Herbert A. Simon）は、物理的シンボルシステム仮説（Physical Symbol System Hypothesis：PSSH）を定義する。PSSH の基本仮定は、脳とコンピューターとは異なった構造であるにもかかわらず、一定の抽象領域内では同じ機能を発揮するということである。そして人間の脳は、情報を処理する機械と見なされる。その前提として出されるのは、世界についての思考、理解とは、外心データを内心システムの模写とすることである。この場合、それは一対一の対応間係にあるのではなく、

形質転換構造の助けによって、現実の複雑な内容を機械論的構成要素に分けるのである。何故ならば、その構成要素はシンボル処理のために自由に使われるからである。それのモデルの中心的切っ掛けが表出（Repräsentation）である。

シンボル処理の発端が人脳構造から完全に抽象化されるのに対して、人工知能におけるコネクショニズム、即ち二番目のモデルは人脳構造をテーマにする。ニューラルネットワークとしての脳は、コンピューター構造の手本になる。そのネットワークが根本理念であり、ネットワークは相互結合体であって、インプットにより活動する。この場合、その諸結合体は、これらの活動度に応じて、その諸結合体に送られるシグナルは強くなったり、弱くなったりする。この脈動するネットワークの安定した形体は、インプットにより分析された問題を解決するものとして解釈される。

コネクショニズムの活動力は、方法論的には最新のその力をも拒否する自由を持っている。論理構造を見出すこと、或いは、与えることは、コネクショニズムにとって肝要ではなく、肝要なのは、どんな種類のシステムが一定の特徴を展開し得るかということなのである。コネクショニズムの活動力は、実はシンボルによる問題の解決というよりは、機械の固有史を学習することである。

コネクショニズムと PSSH（物理的シンボルシステム仮説）との間介が目立ったAI 研究における西暦 2000 年前後の場では、コネクショニズムへの強い傾きがあった。並列分散処理（Parallel Distributed Processing　認知科学における人間をコンピューターのようなシンボル処理系と見なす考え）の形体においては、コネクショニズムはシンボル処理に対抗して一層重要になって来ている。もちろん、コネクショニズムも次の問題から離れることは出来ない。即ち、それは、どんな方法で構想がコンピューターの記憶装置に蓄えられるか、如何にして表出（Repräsentation）はシンボルによらないで、説明され、処理されるかである。何故か。そう問うても、コネクショニズムに包含される方法は、シンボル、ないし、ユニットが分かっている限り、亜原子粒子（subatomar　原子より小さい粒子）の領域の中へ引き込まれてしまうからである。

ユニットが厳密に場所の表出であるならば、ネットワークは、その場所に有

るユニットを明らかにする。ユニットは、意味、および、表出を、様々なサブシンボルという単位のその時々の活動、強化、ないし、弱化として、把握する。しかも、その単位はこれの意味をネットワーク全体の中で保っているのである。

　表出はこれの諸単位の相互作用（Inter-aktion）として働く。そして、その諸単位はネットワークに配分され、それら諸単位の特殊な相互作用が働いている中で初めて、意味論上の内容、シンボルの性質を受け入れることが出来るのである。なるほど、そのモデルは人脳の一定の機能の仕方に近づいてはいるが、工学的 AI の枠内でのサブシンボルの機械化は、如何にして改良されるのか、即ち、そのモデルは十分な形式主義が達成出来るかどうかという問いを提出するのである。

　形式化は抽象段階としてある限り、常に意味論の基盤の上に立って行われる。即ち、形式化は原則的には常に表出の状態を持っている。ますます強く形式化されるならば、問題は表出自由な表出の問題として把握される。だが、この表出は、常に値（例えば二値の値）論理学という古典論理学基盤上では構想可能ではない。論理学の値に結合していることを捨ててしまう発端、例えば、スペンサー・ブラウン（Spencer Brown）の「指示の計算」（calculus of indication）或いはヴァレラ（Varela）によるブラウンの考えの拡張は、認識の根本的条件、即ち、自己関係をなおざりにしている。十分に計算するためには、二重の要求が必要である。即ち、それは、表出を自由に表出出来ることをも、自己関係をも写し出し得るということなのである。この要求に適した考えを出すためには、しかも形式論理学から離れないためには、その出口として論理学の普遍的要求、即ち、一つの中心から出て通用し、しかも、多数の根源に当てはまるものが必要である。そこで、ギュンターは、論理学の複数の異質的な規定から離れて、多関連性理論（私見としては関連でなく間連）の構想を創作した。普遍妥当する一つの論理学、即ち単一構造が多間連構造へ転位せざるを得なくなったのである。このことは、多くの自己関連態を矛盾しないで示す方法である。ギュンターは、空記号表現論（Kenogrammatik）を通して、形式的には自

らを表出しない空記号を基準とした計算を唱道し、表出を成立させている。彼が再三再四目指していることは、古典論理学の限界を超えることであり、サイバネティックスと AI（人工頭脳）研究との技術的論理的な需要から出て来たのである。そのサイバネティックスとは、通信工学と制御工学、生理学、機械工学、システム工学、神経生理学、心理学、社会学を同じ俎上に載せ、それらの相互関係を統一的に扱うことを意図して造られ、発展した学問である（ウィキペディア参照）。従って、サイバネティックスは間論、多間連性に係わって来るのであり、相互依存、相互作用、学際研究の根源にある間（das Inter）が生起して来ているのである。

　ギュンターは、AI 研究の目的を充実させるための議論を新しい光に当てたいのである。研究を防衛しようとする人達の色々な論拠、批判は、古典論理学の基盤上で堂々巡りをしているのである。そして色々な戦略が変わって出て来る。過去においては、機械は認識能力、例えば、チェスコンピューターが世界チャンピオンを打ち負かせるようになり、日本でも、将棋名人とコンピューターとの対決が 2017 年 5 月に行われたが、コンピューター ponanza が勝っている。その限りで、そのコンピューターは正に「理知的機械」であると言える。そこで出て来たのがギュンターの多関連論理学（私見：転間した、或いは転間するであろう多間連論理学）であり、これには二つの特質がある。即ち、それは①思考概念態、例えば自己関係態、或いは主観態。②論理的モデル化のための道具である。それ故、多関連論理学がすべての問題を解決できるとは言えないが、新しい規定領域を示していると言える。彼の論理学は技術的に現実化されてはいないし、その論理学の形式化も更に研究されなければならないであろう。が、彼は AI の問題を進んで行く新しい道を歩んでいると言えよう。換言すれば、彼は今まで信用されていた論理的思考の西洋の伝統との間を断ち切っているのである。従って、例えば人新世（Anthropocene）・人–間の新たな時代への転換、敷衍して言えば温間創新を未来に向かって行うことが極めて重要になってくるのである。

結　語

　本書は学術論、即ち allgemeine Wissenschaftstheorie（一般科学理論）を論究した。そこで先ずハイデッガーに注目したのである。何故か。それは彼が技術論を考究したからであり、また存在論を熟考した稀有の哲学者であり、しかも東洋哲学、特に道教にも強い関心を持っていたからでもある。このことはギュンターの『アメリカ黙示録』に反照する側面を持っている。そこで鈴木大拙をも取り上げた。その重要な理由は、ヘーゲルの弁証法的矛盾に類似した考えを持っていたからである。私のかつての親しい友人であったルッツ・ゲルトゼッツァー（Lutz Geldsetzer　一般科学理論研究誌 „Zeitschrift für allgemeine Wissenschaftstheorie“ の編集者であった）による解釈学（Wissenschaftsphilosophie に帰属する）に学術論は通底するところがある。この人はヘーゲルと全く対立したヤーコプ・フリードリッヒ・フリースの全集を出版した人ではあるが、学術論の中で「解釈学」を考究した限り、その人に注目しても良いと思っている。

　生物学者福岡伸一の著書『西田哲学を読む』「動的平衡と絶対矛盾的同一」は優れた書ではあるが、私の立場からすると問題点があると思ったので、それを批判論究した。その理由は、絶対矛盾がアリストテレスの矛盾律に抵触するからである。即ち、同一の観点において同時に（ἅμα）成り立つ主張文はあり得ないことを示したかったからである。

　劇作家、山崎正和の『哲学漫想』における「リズム」をヘーゲル、ギュンターの根源にある私の間論の立場から論究した。

　次にハイデッガーの「一即一切」と東洋の「十玄門」における「一即一切」との関係を論じた。いずれにしても極めて重要視したのは、ギュンターの技術哲学であり、しかもこれを学術論の問題として論じたことにある。それに続いて、人工頭脳までをも論じた。しかしながら様々な学問、即ち、Das Fragen nach den Wissen-schaften 学術知を問うことが最も重要であることになる。それ故、結論を述べて、終わりにしながら新しい出発点になる問いを出してい

るということが重要な課題となってしまっているのである。誰かが本の原稿を書き始めるよりも、結論の方が重荷になると言ったが正にその通りである。例えばアルノー・バメ（Arno Bammé）の 956 頁もある大著 *homo occidentalis*（『西洋人』）が私にとってそれに一応当てはまる。何故ならば、この本はクルト・クラーゲンフルトの『技術文明と超古典論理学』を更に深く広げて科学・学術、技術、社会を西欧に限定して、つまり東洋から間介して論究したものだからである。また人新世（Anthropocene）・人‐間の新たな時代への転間をも熟考する必要が生起するであろう。

あとがき

　早稲田大学は、例えば政経学部、社会科学部という区別の他に、例えば政経学術院、社会科学総合学術院という統一表現をも使う。また、社会科学部大学院では博士（学術）を獲得できる。以上のことから学術に私は注目して、ドイツ哲学の立場から掘り下げたいと思い、本書を学術論とした。

　そこで今回特に述べたいことがある。それは煩瑣な校正について編集役員の古屋幾子さんに大変お世話になったことである。この場を借りて深甚なる謝意を表する次第です。

著者略歴

速川　治郎（はやかわ　じろう）

1928 年生
早稲田大学第一文学部卒，同大学院博士課程終了
現　在　早稲田大学名誉教授，博士（文学）
1978・1979 年　デュッセルドルフ大学哲学研究所客員教授
主　著　『フランクフルト学派の論理』1986，世界書院.
　　　　『反照論理学』1994，北樹出版.
　　　　『一般科学の方法論』1995，成文堂.
　　　　『科学理論におけるヘーゲル大論理学批判』1996，青山社.
　　　　『ヘーゲル精神科学とわれわれ』1998，北樹出版.
　　　　『人-間の論理――ミッシュに寄せながら』2005，北樹出版.
　　　　『間の哲学　INTERSOPHIE』2015，北樹出版.
　　　　『根本概念としての間――温間創新』2020，北樹出版.
　　　　H. グロックナー『ヨーロッパ哲学』上，中，下（共訳），1968，
　　　　　早稲田大学出版部.
　　　　J. ホスパーズ『分析哲学入門 3　科学哲学』（共訳），1971，
　　　　　法政大学出版局.

学術論―ハイデッガーとギュンターを軸にした転間

2023 年 11 月 1 日　初版第 1 刷発行

著　者　　速　川　治　郎

発行者　　木　村　慎　也

・定価はカバーに表示　　　　　　　　印刷　中央印刷／製本　新里製本

発行所　株式会社 北 樹 出 版

〒153-0061　東京都目黒区中目黒 1-2-6
電話（03）3715-1525（代表）FAX（03）5720-1488